TODAS
(FULANAS Y MENGANAS)
LAS MUJERES

TODAS
(FULANAS Y MENGANAS)
LAS MUJERES

Compilación: Kelly Martínez-Grandal

Titulo original: *Todas las mujeres (fulanas y menganas)*
© Primera edición, CAAW Ediciones / Funcionarte Books, 2018
Catálogo Yulunkela, CAAW Ediciones
ISBN: 978-1-946762-09-2

Compilación: Kelly Martínez-Grandal
Foto de cubierta: © Bernardita Rakos Ried
Diseño de cubierta y portadilla: © Faride Mereb
Prólogo: Ena Columbié
Edición: Yovana Martínez

Este título es una colaboración entre CAAW Ediciones y Funcionarte Books de Funcionarte Corp. Todas las recaudaciones de venta del libro serán donadas al taller de arte para víctimas de violencia doméstica Creciend@ Junt@s de Funcionarte Corp.

Todos los derechos reservados. Esta publicación no puede ser reproducida, ni en todo ni en parte, ni registrada en, o transmitida por, un sistema de recuperación de información, en ninguna forma ni por ningún medio, sea mecánico, fotoquímico, electrónico, magnético, electróptico, por fotocopia o cualquier otra, sin el permiso previo por escrito de CAAW Ediciones y Funcionarte Corp.
Para más información escribir a caawincmiami@gmail.com o funcionartecorp@gmail.com

Fundamento y esencia en Todas las mujeres

> *Hay que inventar la vida porque acaba siendo verdad.*
> Ana María Matute

Todas las mujeres (fulanas y menganas) CAAW Ediciones, (2018), es una antología de poesía preparada por la escritora y también poeta Kelly Martínez-Grandal, que incluye a treinta y una escritoras latinoamericanas. En esta selección no se tiene en cuenta la estructura rítmica, ni el lenguaje y su funcionalidad o la prosodia; tampoco se ha hecho énfasis en la sintaxis, ni en la duración de una frase o su pausa. Únicamente se exige libertad, una visión centrada en la mujer y su identidad individual como sujeto poético marcado por género, preferencia, raza... en plena autonomía de expresión. Es evidente que el objetivo mayor de Martínez-Grandal es contribuir con la labor de distinguir la poesía y difundir la creatividad femenina, con voces que creen un impacto en el muestrario multicultural iberoamericano.

Cada antología tiene una mirada diferente, puntos de vista particulares que vienen del interés de la persona que selecciona y define lo que quiere mostrar. El único punto en común entre una compilación y otra es que cuenta una historia personal y de grupo, que siempre servirá para los estudios posteriores del género literario.

Las poetas reunidas aquí, no solo recogen la tradición que heredaron, sino que la usan como soporte para la renovación, para crear su nuevo signo y transignificado lírico, articulando también un suceso dinámico sobre del propio texto. Con la poesía se instaura siempre un rumbo distinto, en este caso es dentro de la diversidad. Martínez-Grandal deja que los poemas hablen por sí solos, por ello no impone ni propone, sino que acepta escoge e invita a los lectores a leer en voz alta, para que se escuche todo lo diferente que tienen que decir.

En un poeta no podremos encontrar nunca la esencia general de la poesía, en el caso particular de las mujeres; ni en la inventora del verso sáfico, o en la sensible y compleja Alejandra Pizarnik; ni en el matiz trágico y la soledad de Anna Ajmátova, o en la solidez lírica de Dulce María Loynaz; ni en la clara y sencilla timidez de Wisława Szymborska; tampoco en la obra tormentosa de pureza estilística de Emily Dickinson, y ni siquiera en Zenobia Camprubí, la poeta brillante tras los versos del Premio Nobel Juan Ramón Jiménez. La búsqueda de esa esencia sólo puede conseguirse por medio de la especulación comparativa, recogiendo de una y otra; pero especulación al fin, siempre encontrará a los revisionistas dispuestos para demoler las conclusiones, no obstante, sería bueno resaltar algunas de las características esenciales que conforman esa esencia dentro de *Todas las mujeres*.

Esta selección tiene la virtud de reunir no sólo a voces de diferentes lugares, sino también de varias generaciones; algunas establecidas por la crítica y otras que pretenden convencer. Silvina López Medín tiene una larga trayectoria de calidad, que ha sabido lograr con el efecto histórico-narrativo-poético desde el propio yo; porque la poesía es también un relato: *como una madre cierra/ lentamente la puerta/ hasta escuchar el click/ mi cabeza cae, estoy/ en el hueco de un hombro*. Parecido sucede con María Elena Hernández y Odette Alonso Yodú; son nombres establecidos en su país, el exilio y la diáspora, o como se quiera llamar a ese incesante camino de cambio. La primera es una rebelde abanderada generacional desde sus primeros versos y, ahora, trae su iconoclastia a las nuevas generaciones, reinventándose: *Porque no tengo matasellos/ ni destinatario/ nada que me desacredite/ como perseverante/ del terror/ las mujeres de Mario Bergoglio/ me odian...* La segunda, alerta siempre a su sino, se expresaba en los lejanos poemas políticos, sexuales y sensuales, con la sutileza, usando el disimulo lírico, porque la expresión franca podía costarle caro; en tierra azteca encontró la libertad expresiva, y hoy es referente en defensa de los sentimientos diversos: *Que sería suya/ eso dijo/ aunque tuviera que hincarme/ la saeta entre las piernas/ y en esa víscera llamada corazón.*

La prosa poética infunde al libro parte importante de la variedad, Ophir Alviárez es desenfadada y erótica; Verónica Cento es existencialista y lírica, una mezcla que no siempre se logra; Lleny Díaz Valdivia busca respuestas y aunque generalmente en su versificación libre tiene un estilo críptico, en la prosa poética escoge la diafanidad.

Hay una tendencia a describir el martirio de la mujer en Yoyiana Ahumada Licea, quien influenciada por la filosofía de Simone de Beauvoir, que no esconde, ilustra el poema con un drama mayor que el de la palabra escrita, gracias a una estructura teatral que juega con la música, también con el tiempo, los silencios y el movimiento; Flavia Persci Feltri usa imágenes superpuestas que se centran problemas humanos lacerantes, como la enfermedad y la vejez: *no puedo dormir desnuda como solía/ desde que el extraño canjeó la muerte por mi cuerpo/ tampoco boca abajo/ desde que los cuchillos hurgaron mi seno izquierdo...* Mostrando también el lado oscuro de los males, Claudia Noguera Penso va a la demencia, y es capaz de suavizar la crueldad del padecimiento gracias a su lirismo: *Vienen mis hijas,/ yo las veo a lo lejos, son rayas de infinito, despego, de algo que fue./ Son nada./ Realmente nada,/ un punto, en la silla, a mi lado.*

Acuarela Martínez por su parte se opone al lamento con una poesía optimista, que empodera a la mujer y muestra las armas que usa para protegerse y avanzar: *Esa soy/ mujer antorcha/ que cuando tratan de atraparla/ se apaga/ hermética/ con un cerrojo sin llave/ en medio de su espalda.*

Legna Rodríguez Iglesias regala un momento de rima, poesía olvidada que ella resarce y devuelve, con la esperanza de un resurgir del género; demuestra que se puede ser vigente también usando la métrica, porque el ritmo interno es el que permite crear versos melodiosos y fuertes: *Memoria sobre mí, bajo de mí,/ a mi lado, conmigo en una esquina. / Palabra que me gusta y aprendí. / Espérate, cojones. Vaselina./ Su cabeza comiendo carmesí/ es palabra, semiótica, y espina.*

Lizette Espinosa y Jacqueline Goldberg se mueven dentro de una lírica fina y transparente, son poetas discretas, que trazan pacíficamente los temas humanos, aunque estos sean temibles. Goldberg dice: *las amigas no saben/ que tamizo un rayo de mi adiós/ aprendiz de suburbio y palabra brusca.* Espinosa parece responderle: *Es preciso cubrir la propia esencia,/ guardar en los encajes el asombro, la eterna fascinación,/ la blanda lengua…*

El espacio impide que me dilate en la enumeración de las dignidades de todas las poetas; entonces cierro con otra virtud común, el haberse desprendido de la lacrimosa nostalgia por la tierra. Cada una tiene un pasado del que no puede deshacerse, pero se despojan de la añoranza trivial que interrumpe los pasos de su peregrinaje hacia la ciudadanía del mundo, y cantan a los problemas humanos, a veces a los pequeños que conforman la vida y que las descubren cada vez, más universales.

La poesía no es un ornamento, es un fundamento que sostiene la tradición por medio del lenguaje, y su esencia es desentrañar la verdad del ser. En *Todas las mujeres (fulanas y menganas)* hay mucho de eso.

Ena Columbié
Miami/octubre 2018

Yoyiana Ahumada Licea

Periodista, dramaturga, poeta, narradora, guionista y actriz venezolana. Es autora del texto del espectáculo *Polvo de Hormiga Hembra* (2016-2017), nominado al Premio Isaac Chocron; *Cabrujas: la voz que resuena* y *Cabrujas por siempre* (Cultura Chacao, 2011- 2012); *Portugal y Venezuela: 20 testimonios* (2011) *Penélope* (2016) y *Cabrujas: el estruendo de la memoria* (2018). Colabora con diarios, revistas y portales web.

Escritora de telenovelas desde 1992, dentro y fuera del país, es también docente de la materia Ética y Teatro en el Diplomado de Artes Escénicas de la Universidad Metroplitana, en Caracas.

Cavo heridas
La piel del desierto
Sostiene
La sequia
que guarda el cuerpo

La mujer mortifica su carne
¡Ay como la mortifica!

      Coro
      La mortifica, la mortifica
La mujer lava sus penas en la pila bautismal
       ¡¿Hasta cuando
      padre me hiere la luz?!

Lava mujer lava
Enjuga la cochambre de los días

      Coro
      Enjuga la
     inmundicia, enjugala
La mujer es un trozo de carne
Se vierte sobre los días

      Coro.
      Se vierte y se
    mortifica
      Se vierte y se
    mortifica

¿Hasta cuando padre me pega Facundo?
Filha non ti pega
Hija solo te favorece
La mujer sostiene el mundo
Carga el agua desde el pozo
Lleva al rebaño al febril pasto

                                    Coro

                        Arrea las noches
                        Arrea los días
                        Arrea el pan y la miga

La mujer se queda quieta
Yace debajo del cuerpo
El cuerpo le pesa,
Se ahoga
Fenece
                             Coro
                             La mujer no alcanza el
                    verbo

La mujer es solo carne
                    hondo hueco
¿Hasta cuándo Padre soy despojo?
Lava mi muerte
Dame la luz
Fulmina estos pasos míos
Básteme volver a ti
polvo cósmico
Ser

Saca el pollo, guarda el pollo

LA POETA recibe esa madrugada a una mujer rota
                No sospecha su santo y seña
Ignora la cantidad de veces que habrá de atajar las noches
        La poeta calla, alguna vez fue una mujer rota
Hay que ubicar la calma   volver a la mesa
Saca el pollo:
el primero de tantos llantos envueltos en hierbas
El caldero enciende
Guarda el pollo: Hoy no.
A un día sigue el otro
Hoy alcanzaran la cena
La mujer rota se arrepiente, esconde su llanto
-Pasma el encuentro- se desorienta
        La poeta camina, recorre los mismos pasos hacia el *freezer*
            el animal vuelve a su siesta absurda
Saca el pollo / guarda el pollo, se hace retozo de hermanas
La poeta se abandona a rutinas ajenas
Cubre a la mujer rota, la cubre con su alma de poeta
Ensaya trucos de avena ancestrales
Alguien los puso en sus manos para reparar mujeres fragmentadas

Hay que volver al fuego
Ubicar el estallido de los aliños
Los huesos de la mujer rota hacen el caldo
                El pollo vuelve al caldero
la promesa termina por cumplirse
La soledad las premia.
      Se consagra el festín, ellas Juegan a ser
      completas

Odette Alonso

Poeta y narradora cubana. Reside en México desde 1992. Su cuaderno *Insomnios en la noche del espejo* obtuvo el Premio Internacional de Poesía "Nicolás Guillén" en 1999; con *Old Music Island* ganó el Premio Nacional de Poesía LGBTTTI Zacatecas 2017, y *Equilibristas* recibió mención honorífica en el Premio Internacional de Poesía Caribe-Isla Mujeres 2017.

Es autora de doce poemarios, de la novela *Espejo de tres cuerpos* (2009) y los libros de relatos *Con la boca abierta* (2006), *Hotel Pánico* (2013) y *Con la boca abierta y otros cuentos* (2017). Sus dos décadas de quehacer poético fueron reunidas en *Manuscrito hallado en alta mar* (2011) y *Bajo esa luna extraña* (2011). Es fundadora del ciclo *Escritoras latinoamericanas* que ha organizado, durante más de una década, en el marco de la Feria Internacional del Libro del Palacio de Minería.

Punto Cero

Una saeta me apunta desde el rabillo del ojo
tu perfume da a la tarde un sinsentido.
De un hilo cuelga el beso
de esa línea invisible trazada sobre el aire
como el vuelo de un insecto.
¿Puede llamarse beso
a ese destello
alejado de los labios
que se muerden
del ardor que evoca esa palabra?
El tiempo pasa
sobre las dos
inalterable.
Éste es el punto cero del amor.

Vudú

Ella puso sobre mi mano
una caja artesanal
con motivos florales.
Adentro
cuatro alfileres de vudú
cuatro niños diminutos
clavados en mi cuerpo.
Que sería suya
eso dijo
aunque tuviera que hincarme
la saeta entre las piernas
y en esa víscera llamada corazón.
Volaron mariposas agoreras
se escuchó el aletear
y entre las sombras
el chasquido de una lengua
que no existe.

Impúdicas

El umbral
y una escalera.
Descender.
Tomar de entre tus manos
la ola que nos cubre
esas aguas donde vernos
como espejo
desdibujados los ojos
cubista la sonrisa
impúdicas.

Ophir Alviéarez

Venezolana, reside actualmente en Estados Unidos. Es autora de *Escaleno el triángulo* (2004) y *Ordalía (o La pasión abreviada)* [2009]. Sus textos han sido incluidos en diversas antologías en Argentina, España, Líbano, México, Venezuela, Estados Unidos y han sido traducidos al inglés y al árabe.

Ha participado en diversos festivales de poesía, entre los que destacan el XX Festival de Poesía de Medellín, (Colombia 2010), Mujeres Poetas en el País de las Nubes (México 2006, 2008), el Encuentro de Escritores Letras en la Frontera (San Antonio, Texas 2011, 2013) y el Festival de Poesía de La Habana (2012). Edita el blog *Solfa y los arabescos*.

Onírica

Mi cotidianidad se vuelve onírica. Abro los ojos y sueño, los cierro y el desparpajo de una voz se afinca en la escisión entre las piernas como cuando era otra y me llovía en procura de un pacto que trascendiera el lugar común y succionara los peces. Hay un itinerario que no confunde y pedacitos de vidrio que se nutren de luz; no sé usar zapatos y arrodillada hace mucho que no sé de solaz pero tengo las babas viscosas y la moral de turno se burla del resabio de dos dedos que no toman posesión de altar pagano.

Y digo turno y el vicio del círculo me vuelve gato, hembra con ganas, con la cola por la situa clausurada porque el ábrete sésamo no forma parte de la repartición de bienes y vienes y entra la sombra, el rumor mortecino, el contrato sin firmas, el verso largo, el juicio corto, la fuga, la sílaba tónica, la pretendida confianza en el símbolo de al que el ingenuo insiste en apoyarse porque yo no pertenezco, hay un orificio por el que me escapo y ululo, me torno poza, soborno, arrechera y boca abajo un eco se duerme en la nuca, rebota en lunares y cuando el demonio brinca, yo entelequia capeo el temporal.

Cuando escupir vuelve a ser tarea de señoritas

No sé ser *madame*, no sé medir la distancia hasta el chófer, no sé estar tranquila ni me sé sentar, doblo las piernas, alguna vez un loco me dijo que las separara siempre, así mis nervios no se aprisionaban con el peso, así atrapaba todo. Y a todos. Soy buena gente, dicen, y yo me miro, veo a través, soy transparente, me refracto en la espalda del que me conduce, me pinto los labios, me saco las cejas, me arrimo a la ventana, veo lo que nadie ve de afuera a adentro, me veo oruga, mantis, agujero negro en tierra negra, cuerpo blanco, cuerpo, extensión ilimitada, vagido, eclipse de fe, eclipse de rostros, rota, roto, la máscara ya no tiene la sonrisa pintada, la boca hendida, la boca, bésame el lugar común, bésame mucho, estoy descalza, me deslío, la playa no abriga el color de mis certezas, hinco los pies, el agua sucia, el agua, la señal, cuidado, no sigas, la garrafa se rompió, nadan los dioses, frota la fruta su simiente, frota, hunde las manos, hunde; el eco te devuelve a lo que fui, el eco me devuelve a lo que di. Di, estoy, ya nada asumo, nada; el tiempo es un gato que copula en mi balcón, el tiempo es la espuma que me hace recuerdo, el tiempo es el aquí y el ahora porque para el mañana ya no tengo tiempo y hace tanto calor que con el paso, pedazos de mí mojan a aquella, disecada. Di-se-ca-da. Ado/ido/so/to/cho/ participios, participo yo como la forma no personal del verbo susceptible a las marcas y un hombre levanta la pata y orina, yo escupo braguetas, no hay gratitud.

Tótum Revolutum

Por siempre cargados   llueven parapetos
no es leve el goteo   escurriendo equipajes

Frenesí de gorgojos que se ahogan
               perpetuum mobile

Demérito del canto a lo profano
       cuerpo de sombras alimentado en la sal

Fachadas de camuflaje ríspido
       estolas de swarovski   vendada soledad

Palabras que se las goza el viento
pretextos que amplían
          tributo a lo social

Suicidio de la identidad ante los enseres
correspondencia unívoca   dudas
                        capacidad

Audacias   postergadas al péndulo

esperanza del lobo
        bufido que ha de llegar

no hay cochinitos adentro

tempestad

Betina Barrios Ayala

Venezolana. Es Licenciada en Estudios Políticos, de la Universidad Central de Venezuela, donde actualmente cursa la Maestría en Estudios Literarios de la Universidad Central de Venezuela. Tiene también una Maestría en Relaciones Internacionales por la Universidad de Belgrano (Buenos Aires, 2015), donde su proyecto de grado *Octavio Paz: precursor de la Diplomacia Cultural* obtuvo mención publicación. Ha colaborado con diversos medios culturales y trabaja con libros, configurando bibliotecas privadas y comerciales.

Ha colaborado con diversos medios digitales. Desde el 2011 lleva el blog *experienciaparoles*.

DesNudo

> *Ahora, inmediatamente, es aquí donde comienza*
> *la primera señal del peso del cuerpo que sube.*
> *Aquí cambio de mano y comienzo a ordenar el caos.*
>
> Inéditos y Dispersos
> Ana Cristina Cesar
> (Río de Janeiro, 1952-1989)

Porque soy capaz de ser y no ser. Allí radica mi dolor. Habito el espacio y a la vez soy extraña a él. Camino mi ciudad reconociéndola cada día como un lugar nuevo. Soy incapaz de pertenecer. Ella tampoco se entrega. Donde me encuentre sabré que no estoy en realidad. Abro los ojos tantas noches, solo para saberme extraña, ausente, ocupando un espacio siempre ajeno. Contemplo con tristeza el vacío, no busco enfocarme en nada. Trato de quedarme un poco en todo, y que un poco de todo se quede en mí. Pero con suavidad, sin invadir. Esa no pertenencia explica la continuidad de mi piel, que no ha sido nunca lienzo para ninguna tinta. Me rehúso a poseer, y nada entonces, creo, será capaz de poseerme. Y lo he intentado, solo que es demasiado peso para soportar. La carga propia ya oprime mi alma, no tengo la fuerza suficiente para ser el vertedero de nada. Ni siquiera del amor, que tantas veces se asemeja a la aguja con tinta que no me he permitido tantear. Ni siquiera para ver qué se siente, ni siquiera para permitirme ser curiosa, ni siquiera para abrirme, como es natural en mi anatomía, tantas veces extraña, porque suplica con sus formas la invasión. Esa sed física, ingobernable, gestiona mis deseos más primarios.

Tampoco me pertenecen, son parte de todo aquello que, invariablemente, me constituye como ser. Solo habito el espacio de mi carne, que tantas veces me aprisiona. Pero ya, he hecho de mi vida un campo para la siembra, invierto, hago crecer, para que luego todo se vaya.

La pérdida es el origen de todas las cosas.

Septiembre

La dureza la dejo en las piedras
y el agua que lave las máscaras
abrir los ojos
es ver
ter
el poema

Mi cita es con la hora de la luz
por la orilla del sentimiento
no
Reafirmo la música
de los pasos
        dados

Nimiedades

Pienso en niñerías
Tonterías
Pienso en nimiedades que digo
que no importan
Me lo digo
en voz alta
Digo
Escucho
A los loros llegar al árbol naranja
y ser nubes verdes
mimetizadas con las hojas
pequeñas nubes
decorosas
ruidosas
diciendo tonterías
ni mi edades

Darcy Borrero Batista

Cubana, graduada de Periodismo por la Universidad de La Habana en 2016 y egresada del Centro de Formación Literaria «Onelio Jorge Cardoso». Tiene un postgrado en Antropología en la Facultad de Artes y Letras de la Universidad de La Habana y el diplomado *Mediación lingüística y cultural en la comunicación pública*, de La Sapienza Università di Roma y la Universidad de La Habana. Fue miembro del grupo literario Ariete y publicó su cuento «No lugar» en la primera antología del grupo. En 2017 obtuvo Mención en la categoría de Poesía en el Concurso Nacional David con el poemario *Mestiza (Jugando a escribir po-e-sí-a)*, publicado en 2018. Fue finalista del Concurso Internacional de Minicuentos El Dinosaurio y obtuvo el Tercer Premio de Reportajes de la Editorial Hypermedia, en 2018. Cuentos, poemas, y artículos suyos han sido publicados en medios cubanos e internacionales. Su primer libro, *Eduardo Heras: los pasos, el fuego, la vida...* se publica en segunda edición en 2019. Actualmente prepara su poemario *De este lado de la naranja* y la novela *Doscientos domingos de cárcel*. Vive en Cuba.

Si nos hubieran dicho
Que María no era virgen
Que los reyes nunca tuvieron la sangre azul
Que los fantasmas son la reminiscencia de lo que una vez fuimos
Que las puertas nos las inventamos
Para justificar las llaves
Que los presidentes son comediantes
Con vocación fulanista de mercaderes
Que la obra que aquí se representa
Es una tragedia escrita por Esquilo…
Nos hubiéramos ahorrado tantas risas y tantos gritos…

No se trata de una esfera particular

Vi la partida desde un balcón
Pudimos ver el otro lado de la naranja.
Imaginar a aquellos destapando sus naves
Nos dio náuseas
Pero supimos aguantar el vómito
Con sonrisas de arcángeles
En plena pubertad
Sonrosadas mejillas
Que habitarían un extremo desconocido
De una barca desconocida
No sabíamos si existía pared
En aquel confín;
Ni podíamos dilucidar
Cómo funcionaba el tiempo.
Saberse libre de un ataúd uniforme
Ayudó a recuperar la calma
Pero cómo solventar el miedo
Sin pactar con el Diablo.
No fuimos hechos para abandonar
Este lado de la naranja.
O eso pensamos
Cuando esta se daba la vuelta diaria
Para luego pestañar seductora frente al espejo.
Al sol hizo suyo
Y las horas se escapaban
Como presas de depredador
Era el siglo, que iba a su paso desflorando
 vírgenes/Maquillando mundos Aquí no hay
manzanas/ El Edén se da en usufructo
El pecado es la naranja seca que mañana arrancaremos
Hasta ya no buscar las mitades ni la mecánica

Para quien quiera heredar

Tengo un cactus-bonsái/una canchánchara
Un tinajón/ un gallo fino de caoba
El Pensador que acompañó a mi madre
Cuando cruzaba el aire sobre el océano
Tengo un hongo art decó y una lechuza
En mi pared escribí «el amor está en el aire»/
Hibernando está mi oso de peluche
Está en la esquina/con los ojos fijos en el que los busca/
Más al fondo, la colección de Matriuskas
Recuerda que hay un orden biológico:
Cromosoma x
Cromosoma y
Nacer/crecer/reproducirse
Querer que nuestros sucesores se reproduzcan
O negarse a continuar el viaje
En los pies de otros/ negarse a ser el pedazo
Que otros llevarán consigo en el largo caminar
………
Quién continuará este ciclo/ quién heredará este horror
Al vacío
Quién heredará el cactus-bonsái/la canchánchara/el tinajón/el gallo fino
El oso/El Pensador/la madre
Quién heredará este vacío
Y estos pies que no encajan

Verónica Cento

Argentina, se radicó en Venezuela en el 2003. Allí se graduó de Licenciada en Letras, en la Universidad Central de Venezuela. Su primera publicación fue el poemario *Poética del asombro* (2010).
Sus poemas figuran en antologías como *102 Poetas en Jamming* (Caracas, 2014) y, ya de regreso a su país, donde actualmente reside, en *Rutas: Un recorrido por los diversos senderos poéticos del país* (2015). También han sido incluidos en diversas revistas literarias como *Letralia;* en Venezuela, la plaquette *Esto no es una revista literaria* y en *Afinidades Electivas* en Argentina. Actualmente trabaja como correctora de textos.

Despierto y el cuerpo conduce al día: cortar la maleza que ha crecido en la noche. Llama mi madre. Quiere que vuelva, pide explicaciones que no tengo. Invento historias para calmar su sed. Me creo esas historias para calmar mi ansiedad.

Me enamoré de un hombre, con la intensidad de quien corta la maleza con las manos y busca el girasol entre la hierba. Siempre está el rincón del cardo que duerme a la sombra. Y el cuerpo intuye que hay que arañar allí donde el suelo se torna árido y con las manos cavar hasta encontrar piedra. La maleza no resiste la ternura. Continuar aunque en la oscuridad mis manos se confundan y tomen mi propio cuello. Me enamoré de un hombre con la misma intensidad de quien en medio de la noche despierta por un vaso de agua. Abrí los ojos, dice el cuerpo. Comprá limones para saciar la sed. Desmalezar se parece tanto a la palabra amor.

En la infancia no hay miedo, predicen las gitanas. Buscan el relámpago que quiebre, y anuncian con voz rugosa: aquí vive una niña que le teme al cuarto oscuro. Que lee encerrada en el libro. Que teme al lobo, en el espejo. Que siente frío y no levanta la sábana por miedo a que el insecto sobrevuele su cuerpo tibio. En la infancia no hay miedo, hasta que uno mira de cerca su propia espesura.

Matar un animal a la sombra, para que el sol no lo hiera. Trazar en su cuerpo un corte limpio y oírlo respirar. Hundir con fiereza el metal, sentir cómo se rompe hueso tras hueso; cómo un objeto tan corriente puede también pertenecer al ámbito de la matanza. Comer un animal, bajo el árbol, para que su aroma a carne fresca se pierda en la espesura. El corazón siempre es el aperitivo perfecto en el que se concentran dulzura, muerte y miedo. Recordar, sin ningún tipo de rencor, que este animal nos mató a un hijo.

María Alejandra Colmenares León

Venezolana. Actualmente cursa la carrera de Letras en la Universidad Católica Andrés Bello. Sus escritos han sido publicados en *Liberoamericanas 80 poetas contemporáneas*, Editorial Liberoamérica (2018, Argentina), Revista *Cantera* (Caracas/Chile), Revista *Desorden* (Caracas), Revista *Canibalismos* (Caracas), Antología de Poesía Inédita Venezolana, Octava edición del Fanzine de la Flia Caracas, *Aún le ora a los dioses que le abandonaron* (2018), y en la columna *Corte de ciruela,* del el portal digital *Heterogénico*.

A Pierre Silva Calani

asomo cautelosa
sobre la obscena claridad de sus soles
flotan en la profundidad del abismo
me abrasan
derriten paredes deforman deidades
no figuran
  /candor
    un hilo viene enhebrando sus cristales
su brillo atraviesa esta torre traslúcida
en que enuncio
y desbordo en el vértigo

siento escurrir las llamas
mi carne recorre plena su estadio
fluyo a través de las ranuras

violencia lenta de la fragmentación
es el inciso desierto
que desvenvaina mis dientes: la tragedia es tiempo sin
voz

divina estancia de suspensión
canales de aire blanco pulso abierto
del destemple
se vierten al unísono de haber tiempo
  de haber algo
  tan sólo algo
  en que me asimile pido
  sean tus membranas
la piedra de tu nombre retoña el olivo

templo de marfil
alberga el cisne quieto en tu lucidez

        entonces auguras los astros:
radio aurático   cráter de luna
 azote de luz
sanas con el trueno mi enfermedad
arrollas con tu lengua mis ojerales

si he de arder que sea en tus manos
si he de ser rayo que nazca en tu grito
porque tu verbo
sagrado siembra esta tierra
tu saliva lame mi rostro perdido
laguno en tus sienes crío tu aliento habito
la luz difusa
aguardo tu nombre secreto
tu nombre
es nombre del fuego

Orgasmo triste

> *Yo no distingo el presente del futuro, y sin embargo esto dura, se realiza poco a poco; la vieja avanza por la calle desierta, desplaza sus grandes zapatos de hombre. Así es el tiempo, el tiempo desnudo; viene lentamente a la existencia, se hace esperar y cuando llega, uno siente asco porque cae en la cuenta de que hacía mucho que estaba allí.*
> Jean Paul Sartre

Si perteneces a la nada
a la anagogía de la ausencia: elige
ser la muerte

articular el aliento
ser orfebre de la aurora
en el témpano agudo
el gran tornado te lacere
haga de tus constructos su eje
te conmueva / te aturda / te borre

si te asomas sobre cada segundo
que la furia te devaste
todo tu calcio taladre
derrame toda luz
arranque de ti toda voz
al cuerpo doblegado riña
abriéndose en el escamado suelo
hilado de sangre tierno aliento
si eliges la ausencia | el orgasmo triste

elige ser la muerte.

Yosie Crespo

Poeta y narradora cubana, reside en Estados Unidos desde la infancia. Con *Solárium* obtuvo, en el 2011, el Primer Premio Nuevos Valores de la Poesía Hispana, convocado por las Ediciones Baquiana y el CCE (Centro Cultural Español) de Miami, Estados Unidos. Ese mismo año recibió el Primer Premio del IV Concurso Juvenil de Poesía Federico García Lorca y fue Premio Internacional en la categoría de Cuento Corto en la Feria del Libro de Buenos Aires, Argentina. Otro de sus poemarios *Como si fueran grullas fugitivas* resultó finalista del Premio Paz de Poesía 2016, convocado por National Poetry Series, en Nueva York.
Tiene publicados *Solárium* (2011), *La ruta del pájaro sobre mi cabeza* (2013) y *Caravana* (2018). Sus trabajos aparecen regularmente en numerosas revistas y antologías digitales e impresas.

Dreaming in Blue

Cuando uso el perfume de mi madre
tengo acceso al mapa del extravío
y a una mano de mujer que me toca la frente
sitiada entre otra mano insegura y el absurdo
donde preciso de brazos que se instalen
—dentro de mí— y sobre los labios de mis días
para luego convertirse en gritos
hechos de luz de un ruido disperso
de flechas despiadadas
cuál flecha soy yo
cuál mancha de tiempo en el sillón
me hizo creer que conocía a Dios
y por qué al llamarlo ya no me tiembla la voz
mientras el resto parte y la rueda gira
y no se sabe si es real
la puerta por donde se ve a Dios dormir
ni si hay ciudades que volveremos a ver
ni túneles abiertos que dejó mi madre
ni si hay rostros desnudos contra la primavera
ni si hay noches que se alargan como en un sueño
azul.

Se sabe que UNA MUJER sueña distintos sueños
que hay huesos en la entrada
donde unos entran y otros salen
si ha visto el mundo si ha escuchado
los sonidos de las grandes aguas
lo que ha visto con lo que ha sido
cuando el cuerpo se apaga
y se devuelve a la ceniza
cuando uno empieza a crecer
y empieza a tornarse pesado el andar
y no hay noche que se interponga entre su soledad y la
mía
cuando una mujer en nombre de sí misma
sabe que este asunto de morir podría ser sencillo
y que incluso ha sido cicatriz tantas batallas
si aún no entiendes para qué sirve
deja las alas tendidas desafiando la intemperie.

ESTA CIUDAD
ESTA CASA
ESTA ISLA REPENTINA
ESTA SOMBRA
esta mancha
esta mujer fatal sobre mi nuca
esta lengua esta boca que en los abriles todos te
nombran
esta tristeza que no tengo que de todo vestigio de dolor
se vaya
estos trazos de tiza borrados por el agua
este quererte hacer demasiado lento
y este quererte decir demasiado de prisa
estos peces de un solo color en mi piedra ordinaria
esta niebla de tiempo que el límite corrompe
este frío pronunciando lo que el otoño calla
esta tierra esta carne este fulgor que sorprende
que se marcha sin haber mirado antes
este asomo de luz en este desierto apagado
y este final ubicado de mi nave entre las dársenas
este estruendo de dios como la sucesión singular
de lo que no podrá definir la circunstancia
este abrumar de las horas y este fenecer gratuito
de esta hondura que reposa delante de mis pasos
y esta voz de haber amado sin ocultar la misma fuerza
y este llegar del silencio para decirnos más sobre el
silencio.

Sonia Chocrón

Poeta, narradora, guionista de cine y televisión venezolana. Alumna del Taller del Centro de Estudios Latinoamericanos Rómulo Gallegos (CELARG) y del taller "El Argumento de Ficción", dictado por Gabriel García Márquez en la Escuela de Cine de San Antonio de los Baños, La Habana, Cuba. Invitada por este mismo escritor, funda el Escritorio Cinematográfico Gabriel García Márquez en México, a finales de los ochenta. Entre sus publicaciones destacan: *Toledana* (1992), *Falsas apariencias* (2004), *Las mujeres de Houdini* (2012), *Sábanas Negras* (2013), *La Dama Oscura* (2014) y *Mary Poppins y otros poemas* (2015). En 1996 fue Primera Finalista del Premio Internacional de Poesía José Antonio Pérez Bonalde. Sus guiones para cine y televisión le han valido premios nacionales e internacionales.

Vieja

¿Y si estuviera rota para comenzar
y si estuviera rancia para hacer el amor
y si un sortilegio me permitiera
y si los tiempos fueran propicios
y si lloviera menos
y si un conjuro me devolviera mis señas
y si volviera a nacer
y si te encontrara antes
y si yo no fuera yo
y tu fueras siempre tu
Y si la historia nos aguardara
y si todo fuera posible y
no solo la avidez de una apóstata?

Y cuando llegues
¿Estaré demasiado vieja y aburrida de tejer?

Caperucitas

De la calma y el orden cartesiano de los bosques
De sus horas doradas y la brisa
prefiramos el bullicio de los pájaros
rebeldes
o a un lobo feroz
que nos devore las entrañas
sin piedad
Deberemos agradecerles
a dentelladas
tanta vida

Mujeres lentas

No hay tregua para las mujeres cadáveres
Deben despertar a diario para las faenas
Maquillarse y usar tacones y engañarse
Como si anduvieran vivas por la ciudad
Se comprometen a labores que detestan,
tan solo para que nadie
sospeche que han muerto
Y se muestran cariñosas con sus hombres
como fantasmas corpóreos voraces y lúbricos
No se dan abasto esas mujeres lentas
Que de tanto morirse se acostumbran
a dormir de más
Es que mienten mucho y
por eso se cansan mucho
Porque fingir
es más arduo
que una vida

Oriette D'Angelo

Venezolana. Fundadora y editora de la revista literaria Digo.palabra.txt y del proyecto de investigación y difusión #PoetasVenezolanas. Actualmente reside en Estados Unidos, donde cursó el Máster en Digital Communications & Media Arts en la DePaul University, Chicago.
Su poemario *Cardiopatías* (2016) le valió el Premio para Obras de Autores Inéditos, otorgado por Monte Ávila Editores. Sus poemas aparecen en diversas antologías publicadas en Venezuela, Argentina, México, España y Ecuador. Actualmente cursa el MFA de Escritura Creativa en Español de la Universidad de Iowa, bajo el patrocinio de la beca *Iowa Arts Fellowship*. Su más reciente poemario, *A través del ruido / Through the Noise*, será publicado en una edición bilingüe por Scrambler Books, en el año 2019.

Crecer era aquello

> *Soy la muchacha mala de la historia*
> María Emilia Cornejo

Me dijeron que no
que no podía crecer así
siendo la muchacha mala de la historia
la que de ventana escogió mar
        no juguete
tierra
        y no pantalla

Me dijeron que crecer era *aquello*
no *esto*
que no
que no podía escoger querer vivir
con madre y tormenta

Tenía que escoger el paraíso
siempre así
        superficial
desde la seguridad de los balcones

Me dicen que no
que no tenía por qué ver cómo hacían de madre
muñeca de trapo

Tenía que crecer lejos
desde la seguridad de la memoria
siempre así
siempre desde lo correcto
mirando hacia el piso así
siempre buena
triste.

A los hombres no les gustan las mujeres rotas

Nadie sabe que maltrata
hasta que rompe un hueso
y aun así
los morados de la piel no saben de perdones
las heridas disecadas sólo cuentan una historia

Todo cuerpo supura infiernos
todo cuerpo admite queja
exilio

Nadie sabe que maltrata
hasta que asesina

Nadie sabe que tiene fuerza
hasta que aprieta una garganta
luego abandona
sale corriendo
echa culpas
justifica puños
y huele a sangre

Todo cuerpo odia el desgarro
toda ausencia es un primer auxilio

Nadie sabe que es poco hombre
hasta que toca a una mujer

para romperla.

Trece años

La niña tiene 13 años y la nombra un terremoto.

La niña está loca, se escucha
La niña está loca y desobedece
lava mal la ropa del colegio
huele mal la ropa del colegio
huele mal la niña
la niña está loca
sólo lee y come
ve televisión y odia
grita y saca buenas notas
muere en un cuarto que no es suyo
no me escucha cuando grito
no me escucha cuando odio
no abre la puerta
se encierra la niña
loca
no me habla
no come conmigo
no me soporta
y la niña loca no sabe
tener trece años
no sabe explotar la belleza
de sus ojos tamaño asteroide
sólo escribe y hace amigos
amigos que pronto serán su casa
su espasmo
sus primeros amores
alojados en pantallas
la niña loca es suicida
un cliché

se rasga los brazos con amigas
y sufre con ellas.
Escucha música fuerte y pinta animales.

Escribe poemas que no leerá.
Recorta cuadernos,
construye un barranco.

Sabe que sus pechos crecen y con ellos su desgaste
sabe que todo está
destinado a morir
no tiene miedo de saltar.

No sabe cómo se tocan las ondulaciones del cuerpo
nadie le enseña a sentir y su vida está cambiando
nadie le enseña
que está bien sangrar
cuando no se lo provoca
nadie le hace caso a la niña
porque la niña está loca
no sabe tener trece años
y querer continuar viviendo.

Lleny Díaz Valdivia

Cubana, nacida en Placetas, en 1975. Ha publicado los libros de poemas *Sobre mi espalda desnuda otro silencio vive* (Miami, 2012), *Placenta Colectiva* (Ediciones Torremozas, 2016) y *Se miran los caballos* (Hypermedia 2018). Fue finalista del premio *Nuevos valores de la poesía hispana 2012*, de Ediciones Baquiana y el Centro Cultural Español en Miami. En la actualidad vive en Miami y ha publicado en revistas impresas y virtuales de Cuba, España y Estados Unido; como *Caimán Barbudo* (Cuba), *Conexos* (EUA), *Diario de Cuba* (España), *Circulo de Poesía*, (EUA). Su poesía ha sido recogida en varias antologías; *Poetas Cubanos en Miami, Crear en Femenino,* entre otras. Participó en el Festival de Poesía O Miami en el año 2016.

Impaciencia

Olympe de Gouges se esconde en las butacas. Huye del miriñaque y los tratados. Inútil.
En mi casa no hay espacios para cuerdas, la muerte llegará envuelta en seda, solitaria de mi mano.
Tres toques en la noche, Olympe no escapa. No puedes. No existe el modo de escapar aún si en la constitución han sido revaluadas nuestras tetas. Desde qué otro sueño la amnistía llegará en traje de hilo y corbatas amarillas. No puedo responder, quiero mi ciudadanía, mi silencio. Rompe mis butacas, descansa Olympe de Gouges. Vale más mi concha prematura, mi dedo abierto que ese infierno y su paja en la cabeza.
Fabrico muñequitas, el grafiti se desplaza hasta los muslos. Ella asiente.
No faltes, escribe en los manteles. La noche se asemeja al comején y yo sostengo muñecas descreídas.
Fabrico muñequitas, me confieso. Voy del perro a la mentira. En el cuello amado encuentro esta fecha, 1791.

Lóbulos, Acuarios, Heliotropos

Sigan rogándome
que exista
destraben el óvulo.
Concilien el rastro
(hueca descendencia).
Anuncien sus rodillas
digan esto y lo otro
podría ser
que un ornitorrinco cante.
Podría amanecer
con espátulas y grillos.
Insistan
golpeen, sí,
Hay otra vertebra sangrando.
Destraben el óvulo.
Ya.

Pulsaciones

Nos enterramos en la noche
perseguidas
mostrando la sal.
¡Ah, tan dulce la sal!
Quién nos recuerda
quién no.
Hay noches importantes
y buscamos a los otros
gritamos sus nombres.
Nos enterramos
contra la página
ardiendo en la punta
de sus balas.
Ya nadie nos encuentra.
Nadie.

Lizette Espinosa

Cubana, reside actualmente en Estados Unidos. Es autora de los siguientes poemarios: *Pas de Deux*, (coautora, 2012), ganador del International Latino Book Awards 2014, en la categoría de poesía escrita por varios autores; *Donde se quiebra la luz,* (2015); *Rituales* (coautora, Miami, 2016) y *Por la ruta del agua* (Ecuador, 2017). Su poemario *Humo,* está en proceso de edición.
Ha participado en festivales internacionales de poesía y ha sido jurado en concursos internacionales. Colabora en varias revistas literarias de los Estados Unidos. Su obra ha sido incluida en antologías de poesía latinoamericana y revistas literarias de Estados Unidos, España, Ecuador, Colombia, Honduras y Cuba.

Labranza

Que remueva el corazón
toda su tierra,
los brotes lánguidos,
la piedra adolescente.
Que vacíe la arteria
del último vino
y que el viento haga su parte,
el sol otro tanto,
y la lágrima,
también la lágrima,
sobre todo la lágrima.

Qué hacer

¿Qué hacer con tantos atuendos
y costuras,
dobleces,
artificios
para agradar al mundo?
Mi desnudez espanta
los cánones del día.
Es preciso cubrir la propia esencia,
guardar en los encajes el asombro,
la eterna fascinación,
la blanda lengua
para moldear abismos.
Es preciso arropar
la tempestad del pecho
que insiste en mostrarse.

Regocijo

Qué verdades me aguardan,
qué regocijo hará de la memoria
un puerto deseable
sabiendo que siempre elegiré
la emoción que enardece,
los temblores que acechan mi mano.
Madrugadas silvestres
que trenzan sus gajos en mi cuerpo
y nada saben de mí,
yo pude ser aquella
que prefirió seguir durmiendo en carne propia.

Nuvia Estévez

Cubana. Poeta y narradora. Licenciada en Español-Literatura. En el 2001 obtuvo el Premio David de la UNEAC con su poemario *Maniquí desnudo entre escombros*, el cual fue reeditado en México por la Editorial Verdehalago. Ha publicado, además, *Arrepentida de llamarme Circe*, *Claveles para Rachel*, *Penancolía*, *Últimas piedras contra María Magdalena* y *Misterio de Clepsidras*. Su obra poética ha sido recogida en numerosas antologías en Cuba, México, Estados Unidos, Puerto Rico, Costa Rica, España y otros. También ha ofrecido conferencias en México y Colombia, y recitales de poesía en diferentes eventos internacionales. Actualmente reside en el Sur de la Florida.

Oleo de mujer sin sombrero

Aquí estoy con el sombrero
tendido vendo mis ojos
los cambio por sueños rojos
por la piedra por un fiero
crepitar al pordiosero
le regalo la pestaña
dormida vendo la huraña
nariz que flota en la reja
de otra faz cambio la ceja
que bordó una musa extraña

Señores vendo mi boca
paguen caro por la lengua
—esa serpiente que mengua
que se esparce y se disloca—
Vendo mis uñas la roca
de mi clásico pezón
la rodilla y el muñón
profundo como un ombligo
Vendo mi piel —ese abrigo
que azotara mi armazón—

Vendo mi sexo rapado
como pájaro proscrito
Vendo sus plumas su grito
lo vendo crucificado
Y aquí solo amortajado
agoniza fantasmal
huérfano de luz y sal
de encrucijadas con precio
El corazón hombre necio
que no aprende de metal.

Soneto de la puta triste

Hoy vuelvo a ser aquella puta triste
que maullaba sin par en el tejado
Retorno a ser clavel anonadado
hoy picoteo el hambre no hay alpiste

calmando este furor que presidiste
Mi cuerpo muere frío arrodillado
y aunque intentes la daga en mi costado
de qué vale si soy la puta triste

Los muslos la saliva la cabeza
todo lo que bien pude y que perdiste
todo quise enmendar en la pureza

Pero tú lentamente te partiste
y le quité lo triste a la tristeza
¿Y quién dijo que soy la puta triste?

Alguna vez

    andaremos por el pavimento
enseñando al mundo nuestras ropas de carne
derramando el vino extinguido
en el fondo de los hombres
Alguna vez nos ahogaremos con el trozo de pan
sin vender por pedazos la caricia
seremos las náyades azules silbando a Bola de Nieve
conocedoras de la pureza extraña de la infidelidad
Expertas de sexo hermoso
como recién nacido pájaro de malagüero
Hechiceras
elegidas de Dios.

María Dayana Fraile

Venezolana, es Licenciada en Letras por la Universidad Central de Venezuela. Obtuvo una maestría en Hispanic Languages and Literatures, en University of Pittsburgh y actualmente reside en Estados Unidos.
Su primer libro de cuentos, *Granizo* (2011), recibió el Primer Premio de la I Bienal de Literatura Julián Padrón y su cuento «Evocación y elogio de Federico Alvarado Muñoz a tres años de su muerte» (2012), fue Primer Premio del concurso Policlínica Metropolitana para Jóvenes Autores. Sus textos están incluidos en distintas muestras de narrativa venezolana, por ejemplo, la *Antología del cuento venezolano de la primera década del siglo XXI*, editado por Alfaguara y el dossier de narradores venezolanos del siglo XXI, editado por Miguel Gomes y Julio Ortega, publicado en *INTI. Revista de Literatura Hispánica*.

Gato

y el ordenador de esta galaxia se refiere siempre a mí
con palabras obscenas. Ayer mismo le preguntaba si su
constitución era de diosa o de monstruo interestelar.
Me miraba desde la pared,
desde el afiche,
exactamente eso es la cultura impresa,
un recuerdo de hace siglos pegado en la pared.
He estado pensando en Ifigenia,
en la carta de navegación del venado.
Hay todo un bosque de por medio e imágenes
translúcidas. Una corte y ocho empleados para servir el
banquete. Colocar una piel de venado en el depositorio
del sacrificio, dos puntos y sustitución de utilería del
espíritu,
un corazón de ciervo a cambio de un corazón humano.
Tantos cartílagos, cortes imagínicos. Naves.
Por cierta oscura relación, un filósofo danés
reflexiona sobre la relación filial. Abraham, debe
materializar el asesinato de su hijo. El hijo de la
promesa.
El drama se afinca sutilmente en la idea asombrosa de
luchar contra Dios.
Ifigenia es griega y Agamenón no termina de
sacrificarla,
son aventureros, los vestidos vienen directamente del
probador y la tempestad es lo divino, no tienen narices
de halcones y nombres de plumas como Johannes de
Silentio.
En ese rincón del mundo el hijo sacrificado o la hija
con el cuello de cisne son contenido clase A en materia
de dibujos animados. El cisne blanco no es un sublime

objeto inalcanzable. Es un sacrificio con pies también y
resulta ridículo en el teatro de la crema batida,
enrollado en una pequeña caja de cartón,
con los bordes salpicados de chocolate,
una pequeña caja tirada en el paseo de los veleros.
La madre de Hans Christian Andersen fue enviada a la
cárcel durante una semana por permanecer soltera y
engendrar tres hijos no reconocidos por sus padres.
Los familiares de Gregorio Samsa aventaron una
manzana contra su torso,
cuando notaron que se incrustó en su cuerpo de
insecto, la dejaron pudrir por siempre.
Es la receta de pastel de manzana de Praga.
No tienen plátanos dulces y la profundidad de ese
argumento podría aparecer en el horizonte rajándolo
todo como el filo de un cuchillo. Rompiendo el fondo
de la realidad cotidiana y las ventanas de Santa Mónica
y entonces no aparecería Caracas moviéndose en una
variación de árboles verdes.
El tropo universal del hijo podrido como un cucurucho
de pastelería.
Había pasado tanto tiempo y no había pensado en esto.
Desde mi abuela, sentada ante el mantel blanco,
recomendándome que debía comer *pickles*. Una señora
viejísima escuchando el canto de los pájaros, sus trinos.
Pronunciando el nombre inédito de los pájaros. Pegada
a la ventana. Sweater deportivo y pastillas multicolores.
Luego, comí lechuga durante mucho tiempo, fue una
idea terrible. Ella no comía lechuga nunca.
Estaba confundida.

Todo lo que nos rodea son atributos de dios.

Dios es un risk manager, buscamos un risk manager.

Piensa en matemáticas. Ojo de polilla, mariposa de calavera. Sabuesos marrones con becas de entrenamiento:
—Patrocino las salidas del sabueso de la jaula.
Dos veces al día.
A las cuatro lo saca su dueña. Un perro requiere de metodología,
es importante establecer la utopía del orden, o una idea robada. La personalidad de Jack se ha atemperado. Permanece en posición de descanso. Se sienta y contempla las paredes, rosca oscura. Dos veces cada día intento reconducirlo a la jaula. Me odia e intenta evadir el momento siempre que puede. Ayer toqué una canción con el móvil del patio, el de las flautas de metal, y entró a la jaula voluntariamente. Rosca y sonido del viento.
Bolsas de bocadillos de tocineta para cachorros esparcidos por los mesones de la cocina. Huesos de juguete.
Peluches que emiten pitidos cuando los pisas o estrujas, esas poéticas del plástico cuando los almohadones adquieren las formas de las ovejas.

Calliphora vicina es la especie de mosca más importante en el campo de la entomología, porque es consistente con el arribo y la colonización del cuerpo después de la muerte.

Azul, gris metálico,
 en el abdomen y el tórax.

Brillantes y naranjas mejillas
la diferencian de *Calliphora vomitoria*.

Debí haber comprado más ropa, le dije a la terapeuta.
Solo pensaba en la biblioteca. Estaba ensimismada.
Y la *paraphilia*,
en el diccionario la definen como un intenso atractivo
sexual por situaciones, objetos o individuos atípicos.
¿Situaciones como andar bajo la lluvia o ponerte crema
en los pies?
Despiertas de la dieta de un milenio.

Tardes en la gótica Florida,
caminar bajo el sol y recordar aquel libro sobre el
náufrago, el cuerpo seco del hombre delimitado por
todo este musgo español. Cabeza de vaca, un nombre
que suena a destrozos, a mordaza salada y al liquen que
cae de los árboles. -Contempla sus pensamientos
deshidratados y la sal carcomiendo su piel en tonos
rosáceos, esa imagen hundiéndose en la arena.
Recuerdo aquel otro libro de piratas y abducciones, el
escrito por Sigüenza y Góngora, el que iba de las
desventuras de un carpinterito secuestrado por piratas
británicos y arrastrado hasta Las Filipinas. Picaresca
absuelta, un testimonio como parte de una gesta anti-
piratas mientras que los intermedios del prólogo
describen al estudioso barroco observando un cometa
en México. *Transi*: efigie del cuerpo en descomposición,
o un tropo de la edad media rodeado de insectos que
corroen la carne.
El filósofo dijo: no puedo enviarte mi explicación de la
palabra romántico porque abarcaría 125 páginas y eso
es demasiado.

Todo en mi vida ha sido *transi*.

La bisabuela me heredó sus pupilas de pájaro. Nadie entiende las ciruelas opacas bajo el maquillaje, desaparecen entre la mantequilla prohibida por las ideas de los nutricionistas de las revistas. El queso alto en grasas estaba desterrado de la nevera de mi otra abuela. La sombra de lo que no se hace. El cadáver de la imagen de la imagen. El cadáver de mi abuela ocupando mi sombra, una sombra de espinacas frescas. El perro brinca a mi alrededor. Sus uñas se deslizan por mi abrigo nuevo,
arrancan todos sus hilos. Detesto ver los hilos blancos destruidos. Un gato constituiría una presencia demasiado terminante. No sabía que Dinamarca era una frontera entre Noruega y Alemania. No escuchaba nunca. Imperio de edad media. Escandinavia de bolsillo y vestidos color vino en las fotografías de las mujeres de mi familia. Esto aparece también en el diccionario.

Ahora que lo ha aceptado, quisiera comprar una vaca y ser como ella.

En Massachusetts son comunes los cuadros de ballenas. La abuela de mi esposo pintó uno, se trataba de un paisaje costero,
aparecía una ballena casi muerta en la arena,
personas con chaquetas impermeables corrían desde la autopista hasta alcanzarla. Yo morí de la risa esa mañana. Es posible que los colores vivos de las chaquetas tuvieran la culpa.

Pastelito, tu figura es la de masas de mantequilla rellenas con crema.

Las mejillas cayendo alrededor de la cara, islotes de brillo cobalto.
Te ha gustado comer siempre la comida de los indios y el arroz de los portugueses
y hasta has masticado la política francesa.
A pesar de eso adoras los piratas,
la idea de los piratas con patas de palo. Prótesis para *cyborgs* pero de madera.
O aparatos correctores con trabillas de cuero para aprender a caminar.

XVII

Vamos a adorar a un gato de anime, supliqué esa noche. *Calliphoridae* es una familia de dípteros braquíceros que incluye numerosas especies llamadas comúnmente, en otras denominaciones, y en dependencia de la zona geográfica: moscardones o moscardas de la carne, moscas azules o verdes. Tabula rasa.
Ayer estuve en un campo de golf pero no aprendí a jugar. Entre Pennsylvania y Florida media un mar de continuidades.
Un puente, tres puentes, construidos sobre los ríos o sobre el mar, una carretera de cielo presionando como un borde oscuro. Control remoto. Las mismas palabras, todo el tiempo las mismas palabras, los patrones sentimentales,
una misión arquetipal.
Se trata de un juego literario,
si escoges un personaje puedes explayarte en descripciones incómodas.
Conduce con cuidado, gritan todos, sadomasoquismo-de-plantación, cargaban con ellos látigos de papel periódico curado en tinas de agua y pegamento. Laceraban el cielo con sus nombres heráldicos, lechuguinos de faroles,
subrayado de
sin embargo, ahora no es correcto decir eso, ahora todos se excusan cortésmente diciendo, simplemente, que tienen otra condición sociocorporal.
Los átomos son el único objeto para sí mismo.
El tiempo es la forma abstracta de la percepción sensible. Si abres la boca, es posible que se derrame.

XIX

anémona
compuesta
de
imágenes

me *beloveo* en ti

estoy
Overflowing
 a tu alrededor

hongo atómico
de poetas de mediados del siglo XX
activismo de postguerra
   situacionismo de ilustraciones
la persistencia de las imágenes
entradas de información espontánea
anillos en la madera
mesa servida
manteles a cuadros rojos y blancos
tocinillo del cielo

Bienvenido a mi mundo

teatro del mundo
antiguo retrato del mundo
retablo de autorretratos y máscaras de animales
rey sol
      hombre pájaro o lobo
sismos de muerte lenta
ropa interior sagrada para el invierno

colores pasteles para no despertar intrigas entre la
muchedumbre

culto de las estaciones
otra vibración política libidinal
el cuerpo de la nación y perder el tiempo
interesándose en ella,
hice un velero con un traje de monja alférez,
diseñé tres clavos y una fábrica de textiles.

Hemos permanecido durante cinco días entrados en
el agua hasta la cinta
y como vimos que la sed crecía y el agua nos mataba
intentamos sostenernos de galletas de agua que
crujían en el clima seco. Salvavidas de caramelo,
signos derritiéndose, anémona solar: ayer estuvimos
viendo a un hombre que conducía un tractor en la
televisión.

biopolítica de la ficción, ser un pato y luego un cisne.

Glenda Galán

Escritora y periodista dominicana, radicada en Miami. Es Licenciada en Comunicación Publicitaria de la Universidad Iberoamericana (UNIBE), tiene un Diploma en Periodismo de la University of Miami (KC) y una Maestría en Literatura Española e Hispanoamericana de la Universidad de Barcelona.
Ha trabajado como periodista y productora en América TeVe y actualmente es directora de la Revista Cultural *Dominicana en Miami*. En el 2011 le fue otorgado el Premio Emmy como productora y estuvo nominada como guionista. Ha publicado *Mar de fugas* (2011), *Guayabas y fresas* (2012), *Tsunami* (2014) y *Ventanas* (2018).

Runaway Tattoo

Traficada,
golpeada,
vejada,
un alma sin huesos.

Escombro de la noche,
con el que tropiezan
drug dealers,
maridos infieles,
solitarios,
infectados,
Sebastián y Scott.

La preferida de daddy,
piel marcada,
vendida,
usada.
Dos piezas de un pica pollo,
atravesando Biscayne Boulevard,
un diente roto,
un ojo morao.

Vidrios tintados,
fluido de homeless,
luces
moteles.

Treinta dólares la hora
controlados por un celular,
rogando a un dios desconocido
cumplir la cuota para terminar.

La apestosa basura
que se pone en cuatro,
en cinco
o en seis contenedores
para ser triturada.

El sudor de papi
en la madrugada,
el silencio de mami
en la mañana,
traición,
disfunción.

La runaway del barrio,
mercancía de Atlanta,
de Chicago
y de otros tres estados.

La muchachita
que se chupa el dedo,
nombre tatuado,
sin ID, ni pasado.

Eso soy.

Mujer con sombrero

Una mujer
que es astro en la noche,
labios de fruta viva.

Una mujer
que no se diluye
en las miradas,
es reflejo del sol,
quema.

Una mujer así
y con sombrero,
mortifica.

Uno

Ella despertó
sin necesidad de un beso
ni de costillas ajenas.

Creó su cielo y su tierra,
los peces de su cuerpo,
las alas de su vuelo;

se desnudó ante todos
y vio que en su reino
no todo era bueno.

Jacqueline Goldberg

Poeta, narradora y editora venezolana. Es también Doctora en Ciencias Sociales y Licenciada en Letras. Ha publicado más de una docena de obras de ficción y no ficción, diez libros para niños y veinte volúmenes de poesía. Su novela *Las horas claras* (2013) mereció el XII Premio Transgenérico de la Sociedad de Amigos de la Cultura Urbana y el Premio Libro del Año 2014 otorgado por los libreros venezolanos. Fue también finalista del Premio de la Crítica a la Novela del Año 2013 y fue reeditada en México, en 2018. Su poesía aparece en antologías en España, Italia, Reino Unido, Rumania, Corea del Sur, Puerto Rico, Estados Unidos, Perú, Brasil, México, Chile, Colombia, Argentina y Venezuela.

se percata el marido de mi voracidad

¿teme una pasión de acanto
cierto hábito de crudeza?

todo porque me apetece
carne ensangrentada
la muerte en su duración

a decir verdad no son tan amigas
piden jugos, carpaccio, pasta
hablan del tiempo
no del suyo
–hay cimas en peligro de deslave–.
se entrampan en lo obvio
trabajo hijos

las amigas se reúnen de cuando en cuando
creen que algo las une
mastican una memoria suficiente
afectos a fuerza de desembocaduras

creen que se entienden
alinean presagios

así comparten postre tres cucharillas
dividen la consumición

pronto habrán olvidado
que hubo una taza amarga

las amigas nunca telefonean al día siguiente
no advierten desasosiegos

los cafés están llenos de amigas
unas vienen de una tarde aberrada
otras tienen críos y mucamas
las solitarias amarran quejas a un *pay* de limón

me quedo rumiando esas meriendas tristes
detesto el léxico de las comuniones
nuestra maltratada vocación de resistencia

nos hicimos reacias a parecernos
desentendidas en el párpado

habrá otros encuentros
no sabré mostrar la piel mudada
necesitaré lamer nueces o zarzamoras
mientras timbramos vestidas de águila
lanzadas hacia la copa de bosques
que dejaron de menstruar

las amigas no saben
que tamizo un rayo de mi adiós
aprendiz de suburbio y palabra brusca

las amigas son riachuelo que se deshabita
tras un par de horas de optimismo
medusas que cambian de color
en las clavículas de sus dones

me asombra que una mujer vieja
sea apenas veinte años mayor que yo
sus carnes parco precipicio

que pronto se rinda y el sopor clausure sus patadas

no consigo recuperar
el terrible hartazgo que produce
emparejar las fragilidades

una voluntad de miedo
predispone

mi goce es el maniatado resquicio
por donde huyen las cosas

la catástrofe incluir desobediencia
parecer menos limpia

cada quien escoge y repite

mi rotura viene de permitir el asco
dejar pasar mi propio tiempo
maldecir vencidas ternuras

Ximena Gómez Becquet

Psicóloga, traductora y poeta colombiana, residenciada en Estados Unidos, donde también fue profesora de español como segunda lengua. En el 2016 publica su libro de poesía *Habitación con moscas,* en España.
Sus textos han aparecido en diferentes medios digitales e impresos, como *Nagari, Conexos, Círculo de Poesía, Carátula, Luz Cultural* y *Raíz Invertida,* y han sido incluidos en antologías de autoras hispanohablantes que viven en los Estados Unidos. Ha sido traducida al inglés y publicada en versión bilingüe en las revistas *Cagibi* y *Sheila Na-Gig,* así como sus traducciones de poesía norteamericana al español se han publicado en las revistas *Alastor, Conexos* y *Nagari.*

Gotera

Ayer se cayó un trozo
Del cielorraso del cuarto
Y se ven las vigas de madera
El material aislante humedecido.
Ahora sopla un viento frío de noviembre,
Que arrastra polvo, hojas, pétalos marchitos,
Jirones de otros noviembres...

Va a llover otra vez.
Se abrirán más grietas en el cielorraso.
Un alud de la placa de yeso caerá.
La cama, la alfombra, el escritorio,
Los zapatos y ropa
Que quedaron fuera del closet
Se cubrirán de polvo blanco.
El ventilador del techo
Oscilará suspendido de la viga.
En el cuadro colgado en la pared,
Los dos monjes con sotana
Seguirán sonriendo:
El de la navaja de afeitar
Rasurará a su amigo,
Sentado imperturbable.
Pero el perro gemirá en el corredor
Asustado por el derrumbe.
Tal vez con suerte,
No habrá nadie en el cuarto.

Pero ahora todo está en calma.
Las veladoras titilan en la mesa de noche,
BB King canta en la radio,
El viento susurra al oído de la ventana.
Y yo siento tu respiración, cálida en mi pecho,
Un cachorro cuando lo alimentan.

Juego de sala

Después que la cremaron,
Saqué el juego sala.
Dos hombres se llevaron
El cargamento de pana verde,
De resortes y espuma.
El espacio quedó desocupado.
Barrí las flores de pelusa, el polvo
Células de piel muerta, pelo,
Fibras y un poco de carcoma,
Escondidos por días
Debajo de los dos sofás.
Las persianas
Se quedaron abiertas.
El sol de medio día
Sobre el embaldosado
Brillaba con una claridad
Desconocida.
Luego,
Cuando me acostumbré
A esa luz de sol
A ese vacío,
Ella se instaló allí,
En esa habitación desierta,
En esa luz oblicua de las tardes.
Nadie la vio, yo no la vi tampoco.
Pero ahí estaba, muy pequeña, sutil,
Omnipresente, ocupando el vacío
Que dejaron los muebles.

Castaño

En Chicago,
Al final del otoño
En los días de poca luz,
Y noches que se alargan,
Los árboles habían perdido
Casi todas las hojas.
Envejecidas, sin verde,
Con las venas tupidas
Y azúcar estancada,
Se habían vuelto ocres,
Terracotas, pardas.
Por las calles,
En las noches heladas,
Con reflejos de luz
Fluorescente,
Se oscurecían.
Al caer de los arboles
Se apilaban en el suelo,
Las sentía quebrarse
Bajo mis zapatos.
Pero ocres, amarillos
Y cafés
Aún resplandecían
En esas hojas
Machacadas
Muertas.

María Elena Hernández Caballero

Nace en La Habana, Cuba, en 1967. Ha publicado los poemarios *El oscuro navegante* (Ed Matanzas, Cuba), *Donde se dice que el mundo es una esfera que dios hace bailar sobre un pingüino ebrio* (Premio David de la Unión de Escritores y Artistas de Cuba, 1989), *Elogio de la sal* (Ed Cuarto Propio, Chile, 1996), *Electroshock-palabras* (Ed La Bohemia, Argentina, 2001), *La rama se parte* (Ed Torremozas, Madrid, 2013), *Yo iba tranquila dentro de una bala* (Ed Verbum, Madrid, 2016) y *La noche del erizo* (Editorial Casa Vacia, 2018); además de la novela *Libro de la derrota* (Azud Ediciones, Argentina, 2010; Hypermedia 2015) y el libro de cuentos *3 M2 de Purgatorio* (Hypermedia 2018). Poemas suyos aparecen incluidos en antologías sobre poesía cubana actual, como son: *Retrato de grupo* (Letras Cubanas); *Un grupo avanza silencioso* (UNAM, México); *Otra Cuba Secreta* (Ed Verbum, Madrid), *80 años de poesía cubana* (por Margaret Randall, Duke University Press 2017), entre otras. Además, colabora con diarios y revistas literarias latinoamericanas, españolas y de Estados Unidos. Reside en Miami desde octubre del 2016.

Las mujeres de Mario Bergoglio

Porque no tengo matasellos
ni destinatario
nada que me desacredite
como perseverante
del terror
las mujeres de Mario Bergoglio
me odian.
Encienden velas.
Se ahorcan con sábanas.
En redondo caminan
siempre ruborizadas
siempre exasperadas.
Tendiendo cuerdas
de una punta
 a otra.
De una punta
a otra.
Caminando
por ellas.
No sonególatras.
Son las mujeres del
triple salto.
/Tun tun/
abran la puerta.
Me caigo del sobre pegado
con saliva.
Traigo un asunto
crepuscular.
Una hija
crepuscular.

Me ama
hasta que se apaguen
las velas.
Está lista para
traspasar
el umbral
y aplanar
(con la parte roma)
a la madre ruborizada
que se exaspera
se ahorca
con las sábanas
con la lengua
de Mario Bergo-
glio.

//Aun si me lo exigieran no pienso introducir mi
mano por la piedra.
Ni escarbar hasta humedecer el sexo de una estatua.
Ni voy a frotarme contra nada que parezca un símbolo

Ella no sabe qué practica

Si en mis sábanas despiertan trenes y rutas,
espectadores que se ignoran,
aún parturienta
en mi cama cabes.
Perra, soy tu voyeur.
Con esos dientes, esas uñas,
¿para quién mendigas el codo?
Te ofrezco mis arterias.
Demasiado fuerte laten.
No encuentran aorta
ni saben cómo alistarse
para defender
mis zonas amarillas.
Bajo esta señal
me comería a tus hijos
—ya tienes hijos—
Pero no tengas patria.
Un tumor en el cerebro es.
Lo escarban, lo sacan.
Nada encontrarás allí.
Lo sólido navegando
tiende a humillarse
a descomponerse.
Te imita.
En mi cama cabes.
Te presto mi sombra.
Eso que todavía resiste.

Doblando por las cuatro esquinas
mi infancia.
La monstruosidad de la acera
lames
y no te repugna.
Tu ceguera avanza
y no logras ver.
Soy toda arterias.
Tetas vasos comunicantes.
Estoy parturienta.
Perra, sé mi voyeur.
Prometo volarte los ojos.

La crame de la crame

Las niñeras vigilaban el kool cake cuando el kool cake abrió la boca y escapó el insecto. ¿Él o tú? ¿Quién estudia para muñeco de cera? ¿Quién para ciudadano? ¿Cuánto nos falta para llegar a Harvard? ¿Cuánto de Harvard hasta Madame Tussaud?

Contra el marco de la puerta las niñeras ayunan. Son veganas, escupen verde. Sin embargo, algo te comería. Todo aquí es tan carnívoro. Ahora mismo ella parece una madre.

Si todavía eres niño, caminante, mejor lanza tu piedra.
O márchate/

que Cody
no te quiere.

Silvina López Medin

Silvina López Medin nació en Buenos Aires y actualmente vive en Nueva York. Publicó los libros de poemas *La noche de los bueyes* (Madrid, 1999), Premio Internacional de Poesía a la Creación Joven de la Fundación Loewe; *Esa sal en la lengua para decir manglar* (Buenos Aires, 2014) y *62 brazadas* (Buenos Aires, 2015). Su obra de teatro *Exactamente bajo el sol* se estrenó en el Teatro del Pueblo en 2008 y recibió el Tercer Premio de Obras de Teatro del Instituto Nacional del Teatro. Cotradujo al español el libro *Eros the Bittersweet* de Anne Carson (Buenos Aires, 2015) y la antología de poemas *Home Movies* de Robert Hass (2016). En 2018 fue una de las residentes de Works on Water & Underwater New York Art Lab en Governors Island. Es editora de Ugly Duckling Presse.

Como y duermo con un desconocido

Lo que un avión permite:
el filo moderado de un cuchillo
dos o tres formas de acomodar el papel metal

plegado prolijamente o hecho un bollo, las mismas formas
de acomodar el cuerpo en el asiento
ahora que la azafata apaga las luces sin palabras de despedida
como una madre severa o muda
esta cabeza desconocida no encuentra el lugar
no se entrega al sueño
cae en mi hombro, se levanta
prudente oscilación
del vino en la copa descartable
no cruzamos palabra
pero algo cruza cada tanto
la frontera del apoyabrazos
mi mano que alcanza
la copa a la azafata, o el ritmo de esa respiración
que se agrava, se resigna

se quedó dormido, pienso
pero quién

se quedó dormido
no tiene nombre se
quedó dormido

insisto y mis párpados
se van cerrando

como una madre cierra
lentamente la puerta
hasta escuchar el click
mi cabeza cae, estoy

en el hueco de un hombro

Tres lombrices en la pileta hacen en el fondo un cuadro abstracto

Esa vez que intenté romper el domingo en dos
y en la mitad
del peor temporal
bajo la flecha que parte la noche, agita sus criaturas,
quise pisar la tormenta,
los pies desnudos en el pasto
el cuerpo a la espera de agua ajena

hasta recordar
lo que sale a flote:

lombrices
que tras el diluvio los pájaros bajan a devorar,
levanté un pie volví a los saltitos
hacia la zona de confort bajo las tejas

llovía, llovía en serio
la lluvia no era fílmico
anuncio de otra cosa.

Royal Enfield

Si pudiéramos permanecer
en el abrazo desmedido que exige una moto
pensás mientras cruza
el asfalto un perro
como una mancha negra,
la cabeza acostada
a ver cómo suena en su espalda,
la velocidad, van quedando atrás
las copas de los árboles y apretás con más fuerza
ahora que te persigue
una idea: a la sombra de esos árboles
dejarán el cuerpo de la moto
cromado que resiste la corrosión
y caminarán
cada uno aferrado a su propio casco.

Acuarela Martínez

Cubana, emigra a Venezuela a la edad de un año. En el 2009 gana la Mención en el VII Concurso para Obras de Autores Inéditos de Monte Ávila Editores, en el renglón Poesía, con el libro *Incluso cuando nada digo*. En el 2017, se lleva la Segunda Mención del Primer Certamen Internacional de Poesía Luis Alberto Ambroggio, organizado por la Hispanic Heritage Literature Organization.

Ha participado en diversos talleres literarios y sus textos han sido incluidos en diversas antologías, destacándose: *Miradas y palabras sobre Caracas, para bien o para mal. Una Sampablera por Caracas* (2013), *100 mujeres contra la violencia de género* (2014) y *102 poetas en Jamming* (2014). Actualmente reside en Estados Unidos.

Mujer antorcha

Yo fui de esas mujeres que
   a paso de galgo elegante
se ajustó concéntrica
a las mentiras de un amor conceptual

Una mujer
que sobrepuso las promesas negras
a la hipótesis fortuita
de una letra proveedora de plenitud.

De esas, fui
que escondió los libros bajo las cazuelas
priorizando la sazón dominguera

Esa mujer
   soluble
con un secreto enjaulado
un ave irredenta
jugándose los sueños en un tiro de dados
cuyo premio fue la permanencia.

Yo soy esa
   ya sin resacas inútiles
felizmente condenada y castigada
que se despoja
   sin confesiones
inmisericorde y triunfante.

Esa soy
    mujer antorcha
que cuando tratan de atraparla
se apaga
    hermética
con un cerrojo sin llave
en medio de su espalda.

Menudencias habituales

En pleno acto de amor
aprieto los puños y los dientes
cierro los ojos
    un mundo paralelo
más allá de sábanas limpias

¡Eso es!
presume de perfección

Del otro lado
el campo está muerto
la lengua es mordaza
    oro por espejitos

Hazte la tonta
al final solo esas
mantienen la estatura
solo el gesto de las vecinas
aprueban la siembra de desiertos

No olvides
    el paraguas para la lluvia
      la esponja de brillo para las cazuelas
la aspirina para las enfermedades

quédate allí
en el dominio prestado
que cuando le hagan la biopsia a tu alma
encuentren este cuerpo sin corazón.

Cadalso

En mi juicio
no hubo indulto alguno

justo antes de subir al patíbulo
una letra enterrada
  cursiva
sacó sus dedos del fondo de la tierra
en un intento patético
por convertir mi voz en pergamino

y allí estaba el sonido
estruendo cínico
alarido de las vecinas
que cambian su tiempo
por construir sombras ajenas

Si
el ruido insoportable
de ruptura de cadenas
cuando ocurren despedidas

Diosce Martínez

Periodista, promotora cultural e investigadora venezolana. Es egresada de la Universidad Arturo Michelena y cursó estudios de Lengua y Literatura en la Universidad de Carabobo.

Junto a Néstor Mendoza, compiló la muestra de poesía venezolana *Tiempos grotescos* (revista *Ritmo* de la UNAM, 2016). Con sus textos ha participado en recitales de poesía y ha publicado en suplementos culturales. Ejerce como periodista cultural y gerente de comunicaciones de Ediciones Letra Muerta.

Apunta con un fusil

¿Escuchas la brisa?
creo que es un ángel que
susurra una canción

Siempre sentí vergüenza
           en los huesos
«la esperanza es para los otros»
decía Kafka
Parece que todo fue inútil

Nadie ahuyenta a la bestia
que nos devora
en el miedo del fuego del infierno

La palabra no salva decía el poeta

Quisiera morir
y que mis hijos
no crezcan con el peso de mi culpa
que aplasta con cascos oliva

Promesa

La noche nos da la tregua
para cruzar a escondidas
el río de Ovidio

Las heridas
seguirán abiertas hasta el fin
     de nuestro tiempo

Esperanza en la marcha
como ceniza en cruz
que se unta en la frente

Somos la raza
     del Caribe
          que no tiene alma

Caminamos   Caminamos
solo tenemos a las estrellas
y una promesa

los hijos nacerán
en la lumbre

Silbos inocentes

Llueve en el pecho materno

El hijo menor no llega a casa
la madre lo espera
da vueltas y no sueña

Arde su pecho en llamas

A los buenos los asesinan
los amontonan
    en habitaciones de moscas

Alguien tiene que
contar y cantar a los hijos

Silbos inocentes

Diana Moncada

Poeta y periodista cultural venezolana. Autora del poemario *Cuerpo crepuscular*, que resultó ganador en el Concurso de Autores Inéditos de Monte Ávila en el 2013. Prologuista del libro de entrevistas literarias *Al filo* de Miyó Vestrini, del sello editorial Letra Muerta.
En 2016 ganó una mención en el I Concurso Nacional de Poesía Joven «Rafael Cadenas». Su trabajo periodístico ha sido publicado en diferentes medios de comunicación venezolanos y sus poemas en diversas revistas y plataformas literarias. Administra su blog personal *Antología de la conmoción*. Actualmente reside en la ciudad de Lima, Perú.

Giovanna, no seamos cómplices[1]

Si de memoria se trata no seamos cómplices, Giovanna
Miyó Vestrini

El mar está sucio y las flores claras enturbian la liviandad de tus ojos. *Si de memoria se trata no seamos cómplices, Giovanna.* Admite que los brazos se te entumecieron meciendo un adiós aletargado. Admite que el sofá quedó vacío, que las huellas se desintegraron ante el descuido, que somos escarcha arrinconada entre viejos trastos y que la memoria se esconde de nosotras para confundirnos. Tu cuerpo, apenas perforado por una mañana hambrienta y sin temor a besar los gusanos de la noche, aun no madura. Lo miro disuelto entre disparos azules, luminoso, a punto de saltar hacia los témpanos antiguos.

Leo tu sexo como la cáscara suave de los temblores. Reprimes el grito, danzas atravesando la niebla andina, cantas un viejo blues para evadir los barcos que llegan incendiados a la orilla de tu desamparo, pero ambas *sabemos que cierta forma de morir más ruda nos espera.*

Tu silencio se abre impúdico, estás como muerta en una cama ajena imaginando la guerra. Lavo tu boca con estupor, intento nombrar la ternura de tu desnudez mientras te ríes como loca burlando a los espejos. A ti pertenecen los aullidos vagabundos, los esputos de los viejos, el desorden de las resacas y una lengua extraña.

---

[1] Los versos en cursiva pertenecen a Miyó Vestrini, específicamente a su poemario *Las historias de Giovanna*.

No sabes a dónde ir Giovanna, los caminos son de agua y de agua los tormentos del futuro. Tu furia se hinchará obscena por toda la casa y lanzarás maldiciones hacia la inmundicia del cielo. Nadie podrá detener tu cabeza estallando contra todas las paredes. La cicatriz latirá fuerte contra la tierra, contra los hombres solos y temerosos que huyen de ti.

Sé de tu abandono, sé que hundes tus entrañas en una habitación remota para ocultarlas de ti misma. Repites la trampa conmigo y me confundes, busco las migajas de tus palabras en las servilletas arrugadas pero tu mutismo ha erigido una catedral sin fondo.

Creíamos que la costumbre de recordarlo todo / era razón suficiente / para lo indispensable. Agujas extranjeras empujan tus recuerdos hacia el sur. Tus manos, aun serenas, traman las historias de tus antepasados, arrastran suavemente la nostalgia blanca de los espectros y atraviesan los reflejos obstinados.

Tus frutos aún no maduran Giovanna, estás tan lejos, tan sola. Tu sensualidad es un santuario mínimo, como la fruta que juega a caerse durante las mañanas de octubre.

Frente a tu ventana las olas se baten cansadas, miras el horizonte y piensas en las cuatro estaciones del pasado abandonadas en una huida interminable.

¿Qué es lo que esperas Giovanna? ¿Qué venganza estúpida planeas en las faldas de una montaña innominada? Aquí no hay dioses, ni templos, ni pequeños ángeles revoloteando en la aurora. Aquí la calle es una sola, larga y marchita, llena de ojos y lenguas atroces. Tú brillas indómita sin entender nada, vaciándote, vaciándome, vaciando este lugar enmohecido de secretos.

Giovanna, tarde o temprano tus personajes aniquilarán tu imaginación y yo me extinguiré con ellos. Las ramas desnudas del norte te lanzarán mensajes de desamor. Todos dormiremos mientras persigues el ala carcomida de la belleza. Volveré a la fosa mientras descubres tu vulva rosada latiendo en una caja de regalo. Viajarás sin mí, sin nosotros, a través de un pasillo de claras protuberancias.

Giovanna, desenvaina tu espada, el simulacro apenas levanta su telón.

La negritud de un lejano caballo ha traspasado mi
temblor nocturno
he sostenido mi espinazo apenas con la soga de un
corroído recuerdo
el sueño se erige sobre mis ojos como un oráculo de
muerte
mi rostro huye
le he tramado una terrible artimaña
he tocado el hueso del grito
y heme aquí lavando mis senos con el agua turbia de la
boca de los lobos
Arrastro mi desespero mi desconocimiento
estoy en el umbral de una tentadora puerta
me hallo ante el túmulo de luz salvaje
me prometo habitar las carnes rotas
me prometo el cuerpo
me prometo abrir la cáscara andrógina
  ser mujer-hombre
  lamer y lacerar un solo vientre. Ser mi hija y mi
madre
  parir entre el moho relucientes cabezas y
olvidarlas.
  Olvidarme
  Habitarme de forma absoluta y luego arrojarme
de mí misma.

Me espanta esta hambre y esta carencia
y me espanta no sentirla cada día
El tiempo fue tiempo hasta que se detuvo ante mi sexo

La soga está frágil
hay dientes, cuchillos y garras devorando parajes y
cielos
la soga está frágil y ya no quiero sostenerla
duele, duele el retorno
mi cuerpo se inmola se desgaja se lacera
la soga está rota
las ruinas laten sobre el sol

Claudia Noguera Penso

Poeta y ensayista venezolana. Ha publicado los libros *Nada que ver* (1986), *Último trecho* (1998), *El viaje* (2001), *Caracas mortal* (2015) y *Bajo infinito* (2017). En el 2001, fundó la editorial Cincuenta de Cincuenta, que editó nueve títulos de poesía.

Poemas, crónicas, reseñas entrevistas y traducciones han sido publicadas en antologías, periódicos, revistas y portales. Su libro *Último trecho* obtuvo mención honorífica en la VII Bienal Literaria Ateneo de Calabozo «Francisco Lazo Martí» (1997).

Hasta en eso

Decidí olvidar todo, del todo.
Me recuesto en mi mirada perdida, cómoda, vacía.
Mi hermano viene: me arregla, me compone, se
envejece, empequeñece, muere de tristeza.
Mi mirada lo atrapa, mi olvido lo destruye.
Vienen mis hijas,
yo las veo a lo lejos, son rayas de infinito, despego, de
algo que fue.
Son nada.
Realmente nada,
un punto, en la silla, a mi lado.
Pero son calor, es tibieza.
Se que mi mirada está perdida, que duele, lacera, que se
escapa.
Se que mis ojos se van, estoy libre, vuelo sola, a un azul
muy azul, a mi álbum feliz con los muertos.
Ellos pierden, los que se quedan restan,
mientras yo que no estoy, sumo a mi olvido.

El Alzheimer es 1,5 a 3 veces más frecuente en las mujeres que en los hombres.

Sabes que te amo
—te digo
y sonríes, siempre
comienzo a esperarte
y es entonces cuando se
que merezco
a la mujer que duerme a mi lado.

Salvatio

Hay mucho de bondad
en los nudos que se tejen en el camino,
mucha paciencia para desenredar el horror
la muerte
nuestros pecados.
Desanudar los espantos viene de la mano de una niña
esa que quizá fuiste y que retorna amable
desnuda y libre.
Te toma la mano, anuda para siempre sus dedos a los tuyos
y te salva.

Yolanda Pantin

Poeta y dramaturga venezolana, formó parte del grupo de poetas conocido como La Generación del 78. Fue también fundadora del Grupo Tráfico, en 1981 y de la editorial Pequeña Venecia.
Ha publicado más de una decena de libros de poesía, entre los que destacan *Casa o lobo* (1981), *Poemas del escritor* (1989), *El hueso pélvico* (2002) y *Lo que hace el tiempo* (2017). Con este último ganó el XVII Premio Casa de las Américas de Poesía Americana en Madrid, España. Su libro para niños *Ratón y Vampiro se conocen* (1993) formó parte de la Lista de Honor de la IBBY, la Organización Internacional del Libro Infantil y Juvenil, en 1994.

Vitral de mujer sola

Se sabe de una mujer que está sola
porque camina como una mujer que está sola
se sabe que no espera a nadie
porque camina como una mujer que no espera a nadie
esto es
se mueve irregularmente y de vez en cuando se mira
los zapatos
Se sabe de las mujeres que están solas
cuando tocan un botón por largo tiempo
Las mujeres solas no inspiran piedad
ni dan miedo
si alguien se cruza con ellas en mitad de la vereda
se aparta por miedo a ser contagiado
Las mujeres solas miran el paisaje
y se diría que son amantes
de las aceras/de los entresuelos/de las alcantarillas/del
subsuelo
de los subterfugios
Las mujeres solas están sobre la tierra como estar sobre
los árboles
les da igual porque para ellas es lo mismo
Las mujeres solas recitan parlamentos
estoy sola
y esto quiere decir que está con ella
para no decir que está con nadie
tanto se considera una mujer sola
Las mujeres solas hacen el amor amorosamente
algo les duele
y luego todo es más bien triste o colérico o
simplemente amor
Estas mujeres se alumbran con linternas

van al detalle
saben dónde se encuentra cada cosa
porque temen seguir perdiendo
y ya han perdido o ganado demasiado
Ellas no lo saben
porque van del llanto a la alegría
y a veces piensan en la muerte
también planean un largo viaje e imaginan encuentros
posibles
administran el dinero
compran legumbres
trabajan de 8 a 8
Si tienen hijos hacen de madres
son tiernas y delicadas
aunque muchas veces se alteren
un pensamiento recurrente es
ya no puedo ni un minuto más
Las mujeres solas tienen infinidades de miedos
terrores francamente nocturnos
los sueños de tales mujeres son
terremotos catástrofes sociales
Una mujer sola reconoce a otra mujer sola de forma
inmediata
llevan el mismo cuello airado
lo cual no quiere decir que no quieran a nadie más que
a sí mismas
esto es completamente falso
lo cierto es que la casa de una mujer sola
está abierta a su antojo
Una mujer sola
no puede curar su soledad
porque nada está enfermo
se remedia lo curable

una gripe o un dolor de estómago
La mujer que piense que su soledad es curable
no es una mujer sola
es un estado transitivo entre dos soledades
infinitamente más peligrosas
Una mujer sola es una mujer acompañada
aunque de este hecho no se percate más que el zapato
que la mira con detenimiento
o el botón
que parece representar algo verdaderamente
importante
como de hecho lo es
como los árboles o el cielo
solo que el privilegio que deriva de semejante atención
es más bien propio de las almas temperadas al siguiente
fuego:
id contigo
para estar con vosotros

Salve reina
Que estás en las aguas
Digo esta oración
Ante tu estatua

—Más tú no existes
Sino en el hueso materno

Vamos los creyentes
En la hora descreída

Por un puente
Sobre el presente duro

Espléndida figuración

De una mujer
Enarbolada

Carga la ciudad
sobre la espalda

Al centro de su arteria
Fluvial

Pasamos sin mirarla

Reina sagrada que un artista supuso
Ver sobre una danta

Espoleada
En su musculatura
Compacta

Carga
Hacia la vertical

Un hueso
De interrogación

Patria
Por el derivativo
Interrogada

Levanta

El hueso duro de roer

Portezuela, finalmente,
Es apertura

Una vez por la hendija
Cuando llegas con sangre

Gacela

      (no por su belleza)
Nada le asegura
a la gacela permanencia
sino, al contrario, le confirma
tal es el estrépito de hojas
o pisadas de elefantes
      a lo lejos
su fragilidad
que finalmente es pánico

Flavia Pesci Feltri

Poeta y abogado venezolana, profesora de la Facultad de Ciencias Jurídicas y Políticas de la Universidad Central de Venezuela. Algunos de sus poemas han sido publicados en antologías poéticas: *Antesala* (Caracas, 2010); *La voz de la ciudad* (Caracas, 2012); *Sesión de nuevas voces* (Maracaibo, 2014); *102 poetas Jamming* (Caracas, 2014); y, *Cien mujeres contra la violencia de género* (Caracas, 2015).
En el 2012, su poemario *Lugar de Tránsito* fue seleccionado como ganador del Concurso Nacional de Literatura, organizado por la Asociación de Profesores de la Universidad de los Andes (APULA). En el 2017 publica su poemario *Cuerpo en la Orilla*.

desechos

I
salgo de la ducha que no restaura
cansado el vientre de tanta
fecundidad marchita

desliza la sangre entre las piernas
impactan tres borbotones
sobre el inmaculado
granito

vuelta al agua
los pies cruzan cuchillos
recorro el dolor de cada hembra
imposible eludir la furia de las olvidadas

II
el cuarto de baño ha liberado sus vapores
la que veo en el espejo no complace
desde mi espalda ellas observan
sus miradas son vientos
alisios

huelo a hierro corroído
el óxido del mar está lejos
la brisa viene desde ese otro espacio
alguna canción oída de niña sobrevuela el Caribe

es insensato cubrirse de algas
cuando la desnudez
desconoce el lugar
que ocupa

III
inmóvil el dolor no me arranca
ahí permanezco
desamparada
una vez
más

debo ser ovillo
moverme lento
espantar imágenes
agitar nostalgias y las ganas de dar puños

así la noche
así las sábanas
las redes abiertas

IV
entre tanto
nuestras mujeres en el piso
pariendo como bestias sustraídas
evacuadas en su sangre en el propio suero espeso
sacudiendo a los críos desde la miseria y para la miseria

se saben fríos en la loza
caen por piezas los corazones diminutos

¿dónde la cobijita
el calor de los senos maternos?

¿engrosarán las estadísticas
podrán en su blandura
quebrar la opresión?

V
afuera altavoces

arranquémonos la riqueza pues es pecado *—nos dicen—*
si todos hemos de morir iguales
púdrete en la misma
indigencia   *—nos*
dicen—

Él te ama mujer
déjate llevar de Su mano
arrástrate en la basura lame los pasillos

aquí te sostendremos
a cachetadas

con amor del bueno
ultrajado
salvaje

ese
que empotra
aunque hayas dado vida

VI
aspiraríamos a una crueldad menos honda
pero la profanación es continua

frente a este delirio
trompas humores
se vuelven hidra

regreso a la ducha

los cuajos son monstruos
también caen en estampida

no lloran no gritan
no piden un seno templado
se diluyen agradecidos de ser
mutiladas aspiraciones
simples desechos
desagüe

insomnio

los doblo
intento soplarles
respiro profundo

giro
una
otra vez

¡traidores!
grito sordamente

no puedo dormir desnuda como solía
desde que el extraño canjeó la muerte por mi cuerpo

tampoco boca abajo
desde que los cuchillos hurgaron mi seno izquierdo
extirpando junto a mi hombre lo que de suavidad
quedaba

no hay posiciones
solo la de la muerte boca arriba
exigua en breves centímetros contenida

regresan
marchan uno a uno
al compás del segundero
detenidos en mis pupilas

¡traidores!
les vuelvo a gritar
muda

enciendo la luz
una
otra vez

me recojo
extiendo
aparto
me ahogo

cántame una canción María Grazia
cuéntame un cuento Matilde

háganme sonar en la cuesta de sus pechos
habítenme donde estén

no permitan a los locos volver
regrésenme hacia ese lugar
susurrante

convídenme de una buena vez

prometo
no regresar

mal radical

el padre hurgó en las ingles de muchas
mientras su mujer miraba el sol
perpendicular

las manos de él ya no hablan
su boca es una mueca
que recuerda
llora
tiembla

tiene años recogiendo heridas
busca una hamaca
para mecerlas

hay decisiones que parecieran no tener perdón
se arrastran como trapos viejos gimen
son mal radical

es insuficiente descolgar la vergüenza
desconocer la propia debilidad
ocultar para ocultarse

pequeños hombres débiles grises
con sus inútiles glandes
colgando

la sensualidad late
no hace distingos
irrumpe
ciega bocas
acecha miradas

es un sinsentido timar
para salvarse

la mentira
no salva
ahoga.

Pamela Rahn Sánchez

Nace en Caracas, Venezuela, en 1994. Realizadora cinematográfica, Mención Guion. Autora del poemario *El peligro de encender la luz* (Todos tus crímenes quedaran impunes en conjunto con Hanan Harawi, 2016) y del plaquette *Flores muertas en jarrones sin agua* (Escrituras Indie, 2017). Ganadora del primer lugar del concurso PHYSIS (2018) con su poema «Una casa que respira». Sus poemas han sido publicados en distintas revistas *online*, entre las que se destacan *Cráneo de Pangea, POESIA, DigoPalabra.txt, Jampster, Oculta Lit, El Nacional, Estabanlocos, Canibalismos*, entre otras. Forma parte de antologías como *Anónimos 2.3 (2015, España) y Amanecimos sobre la palabra* (Venezuela, 2016). Ha sido invitada a la FILUC (Valencia, Venezuela), Festival de Poesía de Maracaibo, FIRAL (Rancagua Chile) y el Festival Kaníbal Urbano (Quito, Ecuador).

Apretarse un cinturón mientras oyes a Sakamoto

Convertir la evidencia en cura
es una buena forma de efervescer con regularidad

Los dedos que suben
en su temor a lo cotidiano

Los dedos que bajan y comienzan a bailar bajo la piel

El cuerpo que se mueve
contorsionándose

La multitud otra vez
eso que entra y no para de aplaudir

las palmas abiertas
que rozan la boca
imitando la euforia
de algo que abre
y no puede cerrar

La necedad de buscar tu mirada
queriendo encontrar algo
que me hipnotice

La vena que se vuelve más verde
en cada recuerdo
el conductor sin rostro
la ventana del avión sin pasajeros

su risa

siempre la misma lagrima
que cae sobre tus dedos

Mientras aprietas el cinturón.

El acantilado

Dejarlo así
quieto sin alboroto

Entretenido
para que
podamos caminar tranquilos
en la noche

Yo por tú lado
Tú por el mío

Entretejiendo esta soledad con un hilo rojo

Aflojar la cuerda
que los acordes no sean mas que chillidos

Prender la vela
con la luz apagada
apretar fuerte los dedos contra los ojos

Asumir la intermitencia del espacio

Cerrarte la boca con ternura
para dejar de oír tu ronquido profundo

Guardar a la bestia en el cajón

Reencontrarla
luego en otra vida
sabiendo que fue nuestra

Dejarlo así
llamarla
para que acabe con todo

quedarnos en silencio

poner nuestros cuerpos en orden
y volver a empezar

en el borde filoso del acantilado.

Otra vez felices

No quiero escribir sobre mis asociaciones contigo y la ficción.

No voy molestarme en pensar
como eres Peter Tarnapool
y yo soy Maureen, otras Susan y algunas otras Karen.

No quiero sentir
que gracias a ti
al leer de mujeres locas
siento miedo de poder ser una.

Porque te plantaste ante mí y dijiste
No así no es el amor, no no
¡Así no es!

Y ya no tengo cara para decirte: tenías razón.

No quiero creer que estaba en lo correcto
cuando no paraba de pensar
en que no debí llevar ese libro
de Milan Kundera
que habla de una despedida
porque todo saldría mal

No quiero ser supersticiosa
Y creer en esas cosas ingenuas.

No quiero leer este poema
y recordarte diciendo

No tuvimos sexo
hicimos EL A-M-O-R

Porque nunca me habían hecho el amor
siempre se habían tumbado sobre mi
como animales de circo

Y mal
Y rápido
Y corto
Y por la mitad

No quiero escribir sobre ti
E imaginar que te golpean en alguna calle

Y me llamas herido
casi muerto
para que yo vaya a rescatarte

No quiero escribir sobre esto
porque es un sueño enfermo y malo
porque en ese sueño yo soy el héroe y no tú.

Y tú caes en mis brazos
y somos otra vez

Aleisa Ribalta

Cubana, reside en Suecia desde 1998. Es poeta y coordinadora cultural. Ingeniera de profesión, se desempeña como docente de asignaturas demasiado técnicas y no directamente relacionadas a la literatura: Diseño de Interfaces Gráficas, Diseño Web y Programación de Aplicaciones.

Escribe desde muy joven, mayormente poesía. *Talud* (Ekelcuá Ediciones, 2018) es su primer poemario, que apareció traducido al catalán recientemente en la edición bilingüe *Talús / Talud* (Bokeh, 2018). Tiene en preparación los volúmenes de poesía *Tablero* y *Cuaderna, bao y regala*.

Sutil el hilo casi

> *Un pez es un deseo que formula tu corazón.*
> Proverbio chino

Ah qué escondido dentro de una cueva bajo
altas montañas reposas pez del hilo dorado
invención casi mía de la lejana provincia de
Sichuan. Si antes de que supieran mis genes
del llamado ya eras y
          poblabas
                    el obscuro lugar
cómo es que no me contó nadie de tu noche
sin rumbo ciego de soledad y de silencio
tu angustia de vagar solo
               sin
                      ser vagabundo.
Y dónde fue que supe de tu trance rebelándote
contra la sombra y tu
          transparente
                  piel de seda
invisible decidida a brillar y a conminar la sangre
para crear horizontal hilo tibio de imperceptible
aureola. Nada
          ser único
                  entre la vasta
estirpe
intensamente deseado. Temeraria la búsqueda
por entre lo recóndito tras de ti
              sutil
                    el hilo
casi.

Solo para probar que existes fiel pez de dorada
marca transversal de Sichuan lejana provincia
de mis ancestros. Milenario fantasma diminuto
persistiendo en ser por
                              desde
                                              pese a la bruma
todo el deseo y más latiendo en la oscuridad.

Breve historia del tiempo

de los fluidos, la luz
de las magnitudes, el tiempo
de las fuerzas, la gravitacional
de los agujeros, los negros
de las teorías, la de cuerdas
de las paradojas, la del gato
de los planetas, el nuestro
de los cuerpos, el tuyo
de los flujos, el pre seminal
de los efectos, el de resonar
de los instantes, esequetúsabes
de lo que fuimos, nada

sí, el universo
es un gigante
 nosotros
una milésima
despreciada
que no cuenta más
que en el recuerdo
que es a la vez
otro dado
que lanza Aquél
que juega
por jugar

Lamiácea Labiácea

¡De todo! Caletas (altos) cocoteros
palmas (enanas) arecas.
¡Mucho mangle más que nada!
Y por doquier algún que otro yerbajo
duro y difícil de nombrar.
¡Bah!, nunca lo sabremos todo.
¡El reino! ¡Vegetal y tan diverso!
De su jardín, salvia costera,
trajo remedio para amígdalas
y otras entendederas inflamadas
el jardinero Carbón Bombón.
Un Linné a la criolla.
Hum ¡Con esa planta!
Y yo, pensando: de botánica sabrá el dandi
lo que aquel hijo del presbítero
que sabía de todo (o casi todo).

La versión cubensis
de Carl von (¿von?) L.,
prescribió masticar durante
tres días el amargo yerbamen.
Ipso facto y a pelo, por curarme,
hice caso, molí todo en trapiche,
succioné, tragué. Y a la tríada de
veinticuatro, canté las maravillas
del mar y todos sus misterios,
con una voz recién estrenada
gracias a la costera variedad
de *Spermatophyta* fanerógama.

Legna Rodríguez Iglesias

Poeta, narradora y dramaturga cubana. En el 2011 obtuvo el Premio Iberoamericano de Cuentos Julio Cortázar, 2011 y es ganadora del Premio Casa de Las Américas, Teatro, 2016, con la obra *Si esto es una tragedia yo soy una bicicleta*. Es autora, además, de varios libros: *Hilo+Hilo (*2015); *Las analfabetas* (2015), *No sabe/no contesta* (2015), *Mayonesa bien brillante* (2015) *Dame Spray* (2016), *Chicle (ahora es cuando)* (2016), *La mujer que compró el mundo* (Chile, 2017).
En el año 2016 mereció el Paz Prize, otorgado por The National Poetry Series, con el libro de sonetos *Miami Century Fox*, Akashic Books, 2017. La Editorial Alfaguara acaba de publicar *Mi novia preferida fue un bulldog francés,* Narrativa hispánica, España, 2017.
Mientras participa en este proyecto ya es la mamá de Cemí.

Última hawaiana que voy a hornear en mi vida

Yo no quiero ser un hombre
yo no voy a ser un hombre.
He parecido un gusano
una palma corcho
un alien
pero nunca un hombre
yo nunca sería un hombre.
Tropecé con la señora
que calienta las lasañas
y en su mirada leí:
si fueras un hombre
me la habrías aplicado.
Es mexicana y en México
las mujeres también
son misóginas.
Y las pirámides del sol
y el sol y la luna
y los muertos
también son misóginos.
El manager me ha llamado a su oficina
y me ha entregado un atuendo
y yo he empezado
a echar diarrea
por cualquier parte.
Es colombiano y en Colombia
hay un recipiente llamado totuma
que parece una vagina
abierta.

Y las empanadas de carne
y las pipas de marihuana
y las playas del Pacífico
también parecen
vaginas abiertas.
El manager me ha puesto
una gorra de hombre
en la cabeza
y en su mirada leí:
si te quitas la gorra te vas.
La gorra tiene inscrito
el nombre de la compañía
con letras verdes
rojas y blancas.
¿Adivina a qué bandera se refiere?
El manager me ha puesto
una camisa de hombre
en el torso
y en su mirada leí:
si te quitas la camisa te vas.
También me ha puesto
un delantal unisex
que me arrastra
y no voy a repetir
lo que leí en su Mirada.
Por debajo del delantal
estoy echando sangre negra
y nadie se da cuenta de eso
ni la mexicana
ni la ecuatoriana
ni la venezolana.
El manager presionó
su puño contra mi puño

como hacen los hombres
al saludarse
para demostrar respeto
y simpatía.
El manager no leyó
lo que había en mi mirada
cuando presionó su puño
contra mi puño
en señal de recíproco
entusiasmo.
El manager me ha puesto
una pala de hombre en las manos
para meter la pizza por la derecha
y sacarla por la izquierda
esta vez tampoco yo
he querido leer nada.
Luxaciones de los huesos
cúbito y radio
provocó la pala de hombre
para meter la pizza por la derecha
y sacarla por la izquierda.
El manager ha tomado
entre sus manos mis huesos
demorando las caricias
hacia el cúbito y el radio.
Las pizzas no deben caerse
si una pizza se cae la recoges.
He incorporado el rostro
y he mordido la boca del manager
para que sepa
quién soy yo.
El manager me arrancó la gorra
de la cabeza

me arrancó el delantal
y luego la camisa
mis pequeños senos
con venas azules
tenían harina en las puntas.
El último latigazo
que me dio el manager
me dolió menos
que el primero.
¿Te gustaría tocar la marca?

No se dice

Me vengo (fue su voz) puta, cojones.
Pero no me sonaba repulsivo.
Palabras son palabras. Sustantivo
se pone como es. ¡Cómo te pones!

Me vengo (cuarta vez) puta, cojones.
Su cabeza comiéndoselo vivo.
Palabras son memorias. Sustantivo
no sabe traicionar aunque traiciones.

Memoria sobre mí, bajo de mí,
a mi lado, conmigo en una esquina.
Palabra que me gusta y aprendí.

Espérate, cojones. Vaselina.
Su cabeza comiendo carmesí
es palabra, semiótica, y espina.

Palabras y números

¿Puedes oírlo?
Preguntó la enfermera
Volteando hacia mí
El monitor cuadrado.

Yo podía oírlo
Y verlo
Hacía igual que mi corazón
Pero no era mi corazón
No era nada que yo pudiera asociar
Con ninguna cosa conocida hasta ahora.

Pensé en las palabras
Que conozco hasta ahora
No son muchas
A veces las escribo mal
Y me avergüenzo.

Pensé en los números
Tampoco muchos
Y también los escribo mal
Aunque no me avergüenzo.

Cualquier elemento sublime de mi vida
Ha dejado de serlo para siempre.

Gabriela Rosas

Venezolana. Es poeta y narradora. Obtuvo el primer lugar en el Premio Nacional de Poesía para Jóvenes Pérez Bonalde (1995) y el primer lugar en la Bienal de Literatura Lydda Franco Farías 2014, mención poesía. Ha publicado los poemarios *La mudanza* (Eclepsidra, 1999), *Agosto interminable* (Eclepsidra, 2008), *Blandos* (Taller Editorial El Pez Soluble, 2013) y *Quebrantos* (Ediciones del Movimiento, 2015).
Ha sido traducida a varios idiomas e incluida en diversas antologías poéticas y de cuentos. Es editora del Stand Up Poetry en Inspirulina.com.

Yo sabía que tú no me ibas a perdonar, que amarte era prolongar el dolor, llevar la boca muerta y las manos arriba. Sabía que los helechos en mi camino estaban secos, que existen para condenarme, para que pueda caminar, poner queja de este presente, del agua en mi pecho, de lo poco en lo que creo y me basta. Yo sabía que no me ibas a perdonar, porque la sangre no era tuya, porque el pasillo a oscuras no daba a tu puerta, porque no fuiste tú quien llegó tarde, querido, a cualquier amor.

Sin manos
sin piedritas calientes
contra la pared
con la boca cerrada
en las almendras que me daba la noche
descalza
en la furia
a pecho abierto
sin sonrojo
con todo lo que era tuyo en los labios
en el tallo
yo te amaba.

Un hombre grama, tempestad, lamido, mordido, besado.
Un hombre deseo, mano sobre mano, un hombre mar,
mar en la boca, en la mirada. Un hombre Shakespeare,
Baudelaire. Un hombre diario, ventana arriba, ventana
abajo. Un hombre poema y más.
Hombre fiebre, sin perros y con todos los perros.
Hombre cuello, ombligo, entrepierna, hombre que me
duela en la sonrisa, hombre país.
Hombre en la cabellera hablando bajito, quieto, entero.
Hombre sin esperanzas y con todas las esperanzas.
Hombre en los labios, besado, olido.
Hombre en la mirada, en el pecho derecho, esperando,
esperando; tronco, raíz, orilla.
Hombre en la cama desbocado.
Hombre mío.

Isabella Saturno

Venezolana. Licenciada en Letras. Además de escribir poesía e historias para niños y adultos, ha colaborado en revistas especializadas como *Arepa*, y *Pez Linterna*. Fue miembro del comité evaluador del Banco del Libro en Caracas, Venezuela, y dirigió la editorial independiente arco de Piedra.
Conejo y Conejo es su primer libro, publicado por Ediciones Ekaré. Actualmente reside en Miami, Florida.

I

Nacer mujer.
Esa condición que te asegura
un bebé de plástico
un nenuco que duerme si lo acuestas
un usar falda para nunca poder montarte en los
árboles
y de montarte
que alguien grite desde abajo
que se te ven las pantaletas
un bajarse arrepentida e irle a llorar al primer adulto
y que el adulto te mande a taparte

que el dinosaurio le toque a él
el camión de bomberos a él
los alienígenas a él
y uno conformarse con un peine
que te obliguen a intercambiar en la piñata
los soldados de plástico
por los espejos

que tu comunidad con otras niñas no te guste
que no te sientas
que pintes robots en las últimas páginas de los
cuadernos
que sueñes con ser un rapero
pero soñando
siempre soñando.

II

Crecer mujer.

Esa condición que se mantiene
en toda sutileza y grandeza del mundo
como un pitido en el oído
constante
una imposibilidad que abre
todos los caminos verdes más extraños
todas las deformaciones
todas las variables
ser mujer y esconderse
ser mujer y abrirse apenas
ser mujer un poquito
ser mujer vastamente
aplastar a una mujer
dar a luz a una hembra
todo bajo la sombra
de lo masculino
todo bajo la sombra
como un pecado

seguir tapándose
con cremas
con un paraguas
con mangas largas en verano
para siempre.

III

Ser mujer-hombre.
Esa condición que se rompe
y pone a todos en una posición
extraña
es una contorsión
una posición incómoda

un hacer yoga encima de la escalera
de una escalera que se sostiene
sobre una lata.

Hablarle a los otros y decir
soy mujer-hombre
mostrarle a todos
los efectos de la testosterona
soy mujer-hombre
y aullarle a la luna
solitario
renunciar para siempre
a los comodines de la vida
a los atajos que lo hacen todo más fácil
condenado a andar dando
explicaciones
sobre los cromosomas
XY XX
pero nunca renunciar al sueño
del dinosaurio
del rapero alienígena
de trepar el árbol y desde
la copa
arrancarse la ropa
para que el viento

por primera vez
te haga
cosquillas.

Carmen Verde Arocha

Poeta y ensayista venezolana. Directora de la Editorial Eclepsidra desde 1994. Profesora de la Universidad Metropolitana, y de la Universidad Católica Andrés Bello, fue también gerente de la Casa de la Poesía «Pérez Bonalde». Entre sus obras más conocidas destacan *Cuira* (1997, 1998), *Magdalena en Ginebra* (1997), *Amentia* (1999), *Mieles* (2003), *Mieles-Poesía reunida* (2005), *En el jardín de Kori* (2015), *Canción gótica* (2017).
Su poesía ha sido incluida en antologías poéticas venezolanas y extranjeras y ha sido traducida al inglés, italiano, alemán y portugués. Recientemente representó a Venezuela en el Festival de Poesía Latinoamericana de Viena (junio, 2018).

Halagos

La Madera con sabor a miel canta:

—Definir el carácter o no hay boda

Bordados artesanales del gusto
la madre y la suegra lo piden

La desposada con matices
de champagne en las mejillas
pinceladas de duraznos en los labios

Cordeles trenzados en hilos de plata
halagos al futuro marido

Las formas las líneas y el horror
por cuenta de la novia

Nadie pregunta por el corte sirena del vestido
Ni tampoco cómo se siente
Ni por qué llora tan sola

Hace siglos llegaron las mujeres al Castillo
¿Cómo devolverlas a la tierra?

Aun predominan aplicaciones
broches bordados en plata

La seda el tul la muselina
para el escote

Oraciones a Nefertiti a la Virgen María
a Cleopatra y Afrodita
hacen las pequeñas ignorantes
que quieren ir al Castillo

Mi sugerencia   vayamos todas al Castillo
aunque sea una vez en nuestras vidas

La concubina
[Primera versión]

La concubina vive cerca del Monasterio

en un pedazo de tierra
escogido para guardar los secretos de la tarde

y doblar la tarde como si se tratara
de un vestido largo con grandes pliegues

Se levanta temprano
va descalza a la montaña para ocultar el odio
debajo de una palmera
Nunca ha olido el perfume de las flores secas

Siempre lo mismo
el pecado retenido entre el cielo y los labios
esperando un cambio de luna
para acercarse a Dios
ofrendar un té
de yerbabuena ovejas y leones

quitarse un poco de ojos de oído de palabras
todo aquello que estorbe en la oración
Por eso nunca está de cumpleaños

De pie con la espalda hacia la puerta
espera la edad de los días

La casa de la concubina grande y espaciosa
no tiene nada que envidiarle al Monasterio

Una casa que caída varias veces
luego vuelve a edificarse

¿Qué es lo impuro?
Preguntó la última vez
que venía de pedir perdón

traía consigo un mandato

—Hay que silbar a los perros
y que nuestra sombra
esté lista al momento de amar

La concubina disimula
al ver su cabello ceniciento

Siempre hay un hombre que vive
en la casa con ella
saca el hierro de su cintura
cava hondo y le recorre el destino

El humo se sostiene en el aire

la canela en las manos
y milímetro a milímetro
la serpiente va debajo de la tierra

La concubina
lejos de todo reproche
ve en el espejo blanco
alzados sus brazos
el pulgar cerrando sus enormes ojos negros

Afuera se oía
—Vida después de la muerte

Era el amolador cruzando la calle

—Hay muchas maneras de amar
Piensa

Y cierra la puerta de los cuartos

Hada Tierra

¿De qué manera duele el vientre de una mujer
que no ha parido?

Mi rostro mojado por el mar
oculto entre los pechos de mi madre

Tristeza o fatiga en el centro del cielo
y una melancólica hora que acobarda

Las manos enrojecidas de tanto trabajar la tierra
El sabor a parir llega a través de la placenta
Agrio como la orina de una cabra

La tierra bosteza siempre igual
Lo distinto es cómo tocamos el vientre
con los ojos
la carne en los huesos
la semilla en la vejez
y a veces con las manos

Difícil hallar la llave materna ¿Me comprendes?
Vivir tiene sentido y estar muerto también

Índice (Orden alfabético)

Fundamento y esencia en *Todas las mujeres*. Ena Columbié	*9*
Ahumada Licea, Yoyiana	*15*
Alonso, Odette	*23*
Alviéarez, Ophir	*29*
Barrios Ayala, Betina	*35*
Borrero Batista, Darcy	*41*
Cento, Verónica	*47*
Colmenares León, María Alejandra	*53*
Crespo, Yosie	*59*
Chocrón, Sonia	*65*
D'Angelo, Oriette	*71*
Díaz Valdivia, Lleny	*79*
Espinosa, Lizette	*85*
Estévez, Nuvia	*91*
Fraile, María Dayana	*97*
Galán, Glenda	*109*
Goldberg, Jacqueline	*115*
Gómez Becquet, Ximena	*121*
Hernández Caballero, María Elena	*127*
López Medin, Silvina	*135*
Martínez, Acuarela	*141*
Martínez, Diosce	*147*
Moncada, Diana	*153*
Noguera Penso, Claudia	*161*
Pantin, Yolanda	*167*
Pesci Feltri, Flavia	*175*
Rahn Sánchez, Pamela	*185*
Ribalta, Aleisa	*193*
Rodríguez Iglesias, Legna	*199*
Rosas, Gabriela	*207*
Saturno, Isabella	*213*
Verde Arocha, Carmen	*219*

2018
Para más información escribir a
caawincmiami@gmail.com o funcionartecorp@gmail.com
¡Gracias a todas las involucradas en este proyecto!

www.ingramcontent.com/pod-product-compliance
Lightning Source LLC
Chambersburg PA
CBHW020926090426
42736CB00010B/1053